经济、管理类实验系列教程

进出口贸易实验教程

主编 秦超 张廷海

图书在版编目(CIP)数据

进出口贸易实验教程/秦超主编. —天津:天津大学出版社,2009. 8 (2014.7 重印)
(经济、管理类实验系列教程)
ISBN 978-7-5618-3148-9

Ⅰ. 进 Ⅱ. 秦… Ⅲ. 进出口贸易 - 高等学校 - 教材
Ⅳ. F740. 4

中国版本图书馆 CIP 数据核字(2009)第 145928 号

出版发行 天津大学出版社
出 版 人 杨欢
地 址 天津市卫津路 92 号天津大学内(邮编:300072)
电 话 发行部:022-27403647
网 址 publish. tju. edu. cn
印 刷 天津泰宇印务有限公司
经 销 全国各地新华书店
开 本 169mm × 239mm
印 张 14
字 数 299 千
版 次 2009 年 8 月第 1 版
印 次 2014 年 7 月第 2 次
定 价 28. 00 元

经济、管理类实验系列教程编写委员会

前　言

随着高等教育改革的不断深入，以“宽口径、厚基础、强能力、求创新”为取向，以“知识、能力、素质协调发展”为目标的高等教育改革大方向业已形成。转变教育教学思想观念，改革人才培养模式，着力加强学生实践能力和创新精神培养已成为新一轮高等教育教学改革的重点和难点。知识来源于实践，实践出真知。注重理论与实践的有机结合，着力培养高素质应用型高级专门人才是我国高等教育的基本任务之一。因此，从教学的基本形态看，理论教学与实践教学是构成高校教学活动的“两翼”，缺一而不成，在人才培养过程中发挥着不可替代的重要作用。实验是实践的基本表现形式，实验教学是实践教学的重要内容，是培养学生实践能力和创新思维能力不可或缺的重要环节。长期以来，由于受传统文化思想的影响，“坐而论道”成为我国高等财经类专业教学的主要形态，重理论轻实践的倾向显在，从而对高校财经类实验室建设与实验教学产生抑制作用。随着现代信息技术的飞速发展，特别是在专业教学软件开发日益成熟的条件下，高校财经类实验室建设得到快速发展，实验教学活动由简到繁，从单一到多元，并逐步形成了验证性、模拟性、综合性及设计性等多层次的实验教学体系，实验教学手段日趋多样，实验教学内容日益丰富，实验教学质量得到大幅提升。

实验教学是学生将理论知识有效运用到社会实践的桥梁，是巩固、贯通、创新所学知识的重要手段。实验教学的理论基础来源于建构主义。建构主义学习理论是对传统学习理论的修正和拓展，并对现代教育教学理念的更新以及高等财经类专业教学模式的改革和创新产生积极的影响。建构主义理论强调在真实的情景中建构知识意义，即为学习者建构意义创造必要的学习环境和条件，让学习者步入真实的环境中去感受和体验，从而学会解决实际问题，提高学习者的动手能力和创新思维能力。实践证明，实验室成为创造这种学习环境和条件的最佳选择之一，尤其是在计算机和网络通信技术得到广泛应用的环境下，为高等财经类专业实验教学的发展提供了良好条件。然而，由于我国财经类高校开展实验教学的时间相对较短，实践经验相对不足，客观上还存在一些困惑和欠缺，这其中，因实验教材选用困难而导致“无书教学”现象长期存在，并在一定程度上影响了实验教学效果。

教材是体现教学内容和教学方法的载体，是进行教学的基本工具，是不断提高教学质量的根本保障。教材建设在高等教育教学过程中的作用是非常重要的，

是能否高质量完成各项教学任务的关键环节。实验教材是教师理论教学、科学研究和实践经验的结晶和升华，是深化教育教学改革，全面推进素质教育，培养创新型人才的重要保证。因此，重视和加强实验教材建设，对于提高实验教学质量，培养高素质专门人才具有十分重要的战略意义。基于此，从深化教育教学改革以及我校实验教学需求的目的出发，安徽财经大学经济、管理实验教学中心特组织一批具有较好学术造诣和丰富实践经验的中青年教师，编撰了“经济、管理类系列实验教材”。本系列教材是基于目前通用的实验教学软件，并结合经济、管理类专业实验教学的特点而编撰的。该系列教材的出版，既是安徽财经大学经济、管理实验教学中心长期教学实践经验的总结和探索，也是安徽省实验教学示范中心建设的重要成果。

本系列教材在编撰过程中，学习借鉴了国内外许多专家学者的有关研究成果，在此特向他们表示感谢！同时，本系列教材的出版，得到了学校领导、兄弟院校以及天津大学出版社的大力支持，在此表示衷心的感谢！由于时间仓促以及水平局限，书中难免存有错漏之处，敬请各位同仁、专家和读者批评指正，以帮助我们通过修订不断完善。

经济、管理类实验系列教程编写委员会

2009 年 6 月

目　录

基础工具

基础实验

综合应用

基础工具

□□□□□□□□□

第1章

进出口贸易实验平台简介

SimTrade外贸实习平台是网络环境下仿真的进出口货物贸易操作平台。根据真实的进出口货物贸易所涉及的主要部门，SimTrade外贸实习平台分别设立出口商、进口商、工厂、出口地银行和进口地银行五个角色，学生可以根据自己扮演的角色在网上进行进出口货物买卖实务的具体操作，快速掌握进出口贸易的成本核算、询盘、发盘与还盘等各种基本技巧；熟悉国际贸易的物流、资金流与业务流的运作方式；切身体会进出口贸易中不同当事人的具体工作与他们之间的互动关系；了解外贸公司利用各种方式控制成本以达到利润最大化的思路；认识供求平衡、竞争等宏观经济现象，并且能够合理地加以利用。教师通过在网站上发布新闻、调整商品成本与价格、调整汇率及各项费率等方式对国际贸易环境实施宏观调控，使学生在实习中充分发挥主观能动性，真正理解并吸收课堂中所学到的知识，为将来走上工作岗位打下良好的基础。

【教师操作界面简介】

用教师身份的用户名登录成功以后，进入教师的操作主页面(如图1-1所示)。指导教师在这里建立和维护实习学生的数据，调整商品的生产成本和销售价格等实习环境，可以随时查看学生的实习情况，并且做出考核评估。

在首页的上方有11个按钮，从左到右，分别为首页、学生管理、学生考评、成绩分析、基本资料、信息管理、系统参数、我的邮件、淘金网、帮助、退出。首页上还有实习要求、在线列表等超级链接，点击“实习要求”按钮，将显示实习指导思想、实习主要内容、实习具体安排和内容；点击“在线列表”按钮，将看到目前登录实习系统的所有使用者的名单。

1.1 学生管理

点击“学生管理”按钮，进入“用户管理”界面，在该界面下教师可以做以下工作。

图 1-1

1.1.1　增加实习学生的用户信息

学生只有拥有自己的用户名、登录密码和担任的角色，才能登录实习平台开始实习。这些都是由实习指导教师添加和设置的，教师可以单个增加用户，也可以成批增加用户。用户名一般设置为学生的学号，成批地增加用户，密码可以设置为空或与学号相同，待学生登录后由学生自行修改自己的密码。

成批地增加用户，要求一个班的学号是连续的，如果一个班级中，学生的学号不是连续的，可以先成批增加，再进行学生调班。一个学生只能属于一个班，因此，实习指导教师一定要把不属于本班的学生调到他所属的班级，否则，别班的指导教师就无法加入该学生。

每位教师只能管理一个班的学生，如果一位教师需管理多个班级，教师可以将这些班的学生都分配在自己名下的一个班；也可以由管理员为一个教师设置多个用户名，以不同的教师用户名管理不同的班级。

教师在增加学生用户时，同时要给学生分配角色，系统给学生安排了五类角色：出口商、进口商、工厂、出口地银行、进口地银行。一个学生至少要担当一个角色，否则，学生将无法登录；一个学生也可以担当多个角色，用同一个用户名，以不同的角色登录。

1.1.2　实习学生信息的修改和删除

1.1.2.1　修改学生所担任角色的信息

在“学生管理”界面，点击要修改的学生角色所对应的加下划线的字母“Y”。对学生的国家、币别进行修改（只有进口商的国家与币别可以修改，其他角色均

为系统默认)，还可以增减学生的当前资产，完成后点击下方的“确定”按钮即可。其中在银行的角色信息里，有一项是“成为自动银行”，若勾选此项，则该银行的所有业务将由系统自动完成，不需要学生自己操作。

1.1.2.2 修改实习学生的信息

在“学生管理”界面，点击要修改的学生所对应的“修改”按钮，在对学生的姓名、密码、角色进行修改后，点击下方的“确定”按钮即可。

注意事项：如果取消某角色前的勾选项，则该角色暂时不可用，但所有资料（包括公司资料、业务资料、库存资料、往来邮件等）仍然保留；如果重新勾选，学生可以继续该角色的操作。

1.1.2.3 学生信息的删除与禁用

在“学生管理”界面，点击要删除的学生账号对应的“删除”按钮，连学号在内的学生资料将被删除。

注意事项：使用此种方式删除学生账号时，只是删除该学生的个人资料、财务日志等信息，但所有的合同与单据仍然保留；如果要彻底删除所有资料，请直接将该班级删除（注意，这样将删除班级内所有学生的资料，且无法恢复，请慎用此功能）。

在“学生管理”界面，点击要修改的学生所对应的“禁/启”按钮，在弹出的对话框内点击“确定”按钮，该按钮变为灰色，则暂时将该账号禁用，学生不能登录，但各项资料仍然保留；再点击一次即可将该账号重新启用，按钮变为正常颜色，学生可以继续操作。

1.2 贸易环境的设置

软件原系统已经设置了必要的贸易环境，为了使实验更接近现实，可以根据实际业务进行适当的调整。在教师专用的管理画面上，点击上方第五个“基本资料”按钮，即出现“商品基本资料维护”界面（如图 1-2 所示），在该界面中可调整商品的信息、汇率、国家、内陆港口、国外港口、保险费、税率、其他费用等。

1.2.1 商品信息的调整

系统内已经设置了 200 条商品的信息，教师可以对这 200 条商品的信息进行修改和删除（注意：任何商品一经删除，其相关资料无法恢复，请慎用此功能）。也可以根据教学的需要再增加商品的信息（注意：商品的毛重、净重、体积都是对一个包装单位而言)；设定单位换算时需注意要与中英文的描述相符；成本指工厂的生产成本，对应每个销售单位；商品的图片最好使用 GIF 或 JPG 格式的图片，尺寸建议在 120×120（像素）左右。

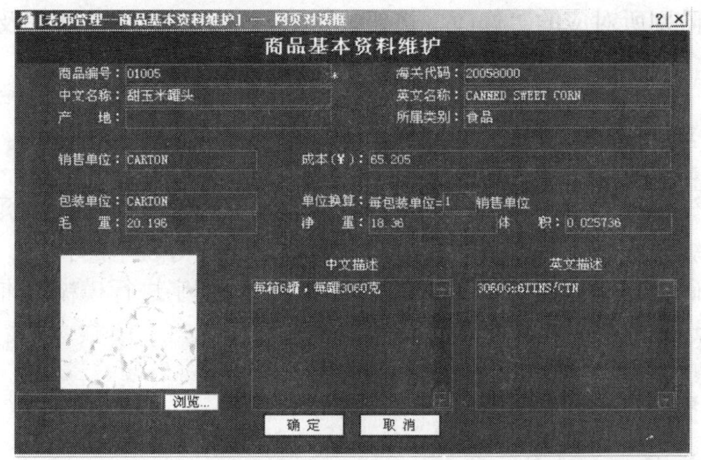

图 1-2

1.2.2　调整汇率

在基本资料界面中，点击第二项“汇率设定”按钮。进入“汇率设定”页面，点击要修改的汇率所对应的“修改”按钮，可对“名称、汇率、说明”进行修改。

1.2.3　国家设定

在基本资料界面中，点击第三项“国家设定”按钮。进入“国家设定”页面，点击要修改的国家所对应的“修改”按钮，可对“中文名称、国别代码、基本币别”进行修改。

1.2.4　内陆港口设定

在基本资料界面中，点击第四项“内陆港口”按钮。进入“内陆港口设定”页面，在这里可以增加、修改或删除内陆港口。

1.2.5　国外港口设定

在基本资料界面中，点击第五项“国外港口”按钮。进入“国外港口设定”页面，输入查询条件，点击“查询”按钮，或不输入查询条件直接点击“查询”按钮，即显示全部国外港口列表。在这里可以增加、修改或删除国外港口资料及运费。

1.2.6 调整保险费

在基本资料界面中，点击第六项“保险费”按钮。进入“保险费”页面，点击要修改的险别所对应的“修改”按钮，可对险别名称、保险费率及加保条件加以修改。

1.2.7 税率的查询

在基本资料界面中，点击第七项“税率”按钮。进入“税率”页面，用户可分别按海关编码、货品名称、货品分类进行进、出口等税率的查询。编码可按货品的海关编码进行模糊查询；货品名称可按输入关键字进行模糊查询。商品分类查询请首先选择大类，再选择小类即可。

1.2.8 调整系统其他费用

在基本资料界面中，点击第八项“系统其他费用”按钮。进入“系统其他费用”页面，点击要修改的费用所对应的“修改”按钮，可对名称、费用及说明加以修改。

以上所作的修改，会及时显示在“淘金网”的相应页面上。

1.3 信息管理

在教师专用的管理页面中，点击上方第六个按钮，进入“信息管理”界面。在这里，教师可发布市场信息，管理出口商、进口商、供应商的买卖信息，发布及管理通知。其中，发布的市场信息显示在首页的市场信息处，发布的通知内容显示在位于页面左边的“通知”栏内，对有问题或非法的买卖信息内容，教师可分别在“出口商信息管理”、“进口商信息管理”、“供应商信息管理”页面中删除它们。

1.4 系统参数的设置

在教师专用的管理页面中，点击上方第七个按钮，进入“系统参数”界面（如图 1-3 所示）。在该页面可以进行基本参数、出口商评分标准、进口商评分标准、工厂评分标准、五分制评分标准的设置。其中，基本参数主要用于设置实习的难度，后面几项主要用于设置评分标准。

1.4.1　设定实习难易度

（1）设置单据合格正确率。在 SimTrade 中，系统会对学生所填的单据做出评分，教师可在此处设定单据合格正确率，要求学生的单据必须达到此正确率，从而督促学生认真填写单据。如果设定了单据合格正确率，那么学生在做交易的过程中，每张单据填写正确的部分必须达到此比率才能进行报验、报关、投保等相关操作。

（2）设置用户的基本资金。在这里，教师可对公司与银行的基本资金分别设定，在对应角色的方框内输入基本资金，再增加新用户时，即以这里设定的金额作为各角色的注册资金。

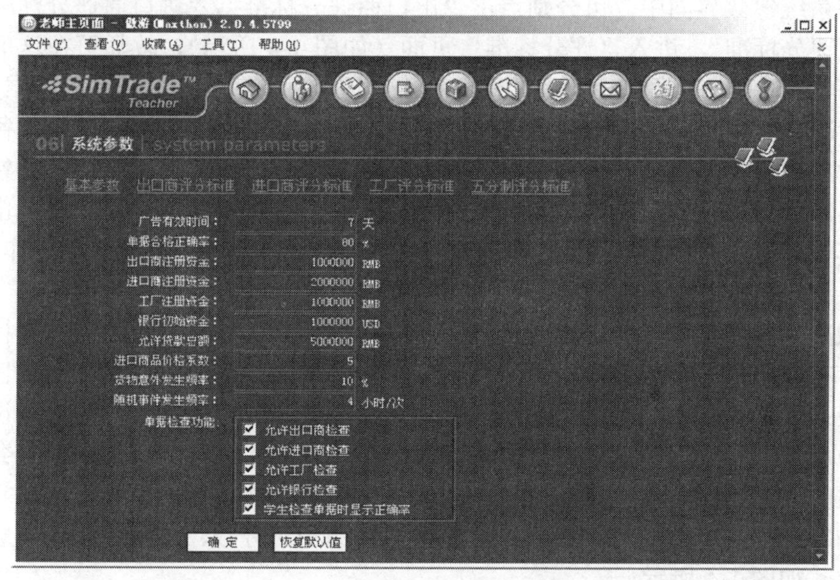

图 1-3

（3）调整进口商品价格系数。此处的价格系数即为工厂生产成本与进口商销售价格的比例，教师可对其进行调整，通过增大与减小价格系数来控制学生交易时利润空间的增加与减少。

（4）设置货物意外与随机事件的发生频率。在 SimTrade 中，货物在运输途中可能发生意外；同时系统还有一些随机事件会发生，包括商品价格的浮动、各港口基本运费的调整及汇率的波动三种情况（其中，商品价格浮动的范围在±30%以内，港口基本运费调整的范围在±50%以内，汇率波动的范围在±1%以内）。教师可在此处设定这些事件过多少小时会发生一次，例如填入“3”，则每过 3 小时，将会发生一次随机事件，事件的种类由系统随机安排。事件发生后，相关信息将显示在淘金网首页的“市场信息”页面中。

（5）设置是否允许单据检查功能。勾选“允许出口商（进口商或工厂）检查”

复选框，系统将在各单据后显示“单据检查”按钮。学生在填单据的过程中，可点击此按钮，让系统自动检查并列出单据填写错误之处，以便及时修正；勾选“允许银行检查”，系统将在出口地银行、进口地银行的“议付单据”页面中，显示“单据检查”按钮。在L/C、D/A、D/P方式下，银行在审单时，可点击此按钮，让系统自动检查并列出单据填写错误之处；勾选“学生检查单据时显示正确率”复选框，则学生在检查单据时，可以在检查结果的最后看到此张单据的正确率，以便及时改进。

1.4.2 评分标准设定

在系统参数界面中，可分别点击“出口商评分标准”、“进口商评分标准”或“工厂评分标准”，进入“评分标准”页面（如图1-4所示）。教师可在这里设定出口商、进口商、工厂三个角色的评分标准，评分标准包括基本资料、单据制作、财务状况、库存状况、供求信息、邮件管理、业务能力七项。教师可设定各项分值，七项加起来即满分，为100分。其中“业务能力”项包括每个交易对象、每个交易产品、每种成交方式、每条成交业务四项；基本资料得分是为了防止学生不认真填写资料而设的。由于实习的重点在进出口业务，且银行涉及的工作甚少，因此，银行角色不参与评分。

教师在系统参数界面中，点击“五分制评分标准”链接，进入“评分标准”页面，在这里可设定五分制的评分标准，用于分析成绩。五分制评分标准包括五个等级：优、良、中、及格、差（也可以自由增加等级），教师可以在这里设定每个等级所占的百分比。例如，设定等级“优”所占的比例为20%，则系统会将全班学生的成绩排序，评定排在前20%的学生的等级为优；同时，将根据该等级所对应的等级分制（如90～100分）计算出学生的相对分数，显示在相应的成绩分析图中，如图1-4所示。

06| 系统参数 | system parameters

基本参数　出口商评分标准　进口商评分标准　工厂评分标准　五分制评分标准

基本资料：10 分
单据制作：28 分
财务状况：20 分
库存状况：5 分
供求信息：5 分
邮件管理：10 分
业务能力：22 分
其中：每个交易对象 1 分，最多 6 分
每个交易产品 0.5 分，最多 5 分
每种成交方式 0.5 分，最多 6 分
每条成交业务 0.5 分，最多 5 分

确 定　恢复默认值

图1-4

1.5　实习考评与成绩分析

实习期间或结束后，教师可以使用 SimTrade 的自动评分系统统计出学生的成绩并对成绩进行分析。

1.5.1　实习评分

在教师专用的管理页面中，点击第三个按钮，进入“学生考评”界面，可以对本班学生扮演的所有角色进行综合评分。系统有一套计算公式，将根据评分标准和学生的实习资料自动计算综合实习成绩。计算完成后，会将各角色公司的排名列在淘金网上的“公司库”的“榜上有名”中。

1.5.1.1　综合评分

在学生列表下方，点击“全部计算”按钮，所有学生的综合评分会显示在“总分”栏中，各角色得分会分别显示在所对应的角色栏中；如果学生过多，为防止计算过程过慢，也可以先选择部分学生，点击“部分计算”按钮。教师还可在“加分”栏中给学生加分，输入分数后系统会自动保存，例如，在加分栏中输入“10”，则该学生的总分将会增加 10 分。

1.5.1.2　得分资料

点击加下划线的分数，会弹出该角色的得分详细资料画面，包括财务状况、库存状况、供求信息、邮件管理、业务能力、单据、基本资料七项得分。教师既可查看各项得分的详细资料，也可点击相应的信息、邮件、合同、单据名称，查看相关内容。

1.5.1.3　打印成绩单

点击“成绩列表”按钮，将会列出班级中所有学生的成绩，教师可以点击“打印”按钮，或直接按快捷键“Ctrl+P”来打印成绩单。

1.5.2　成绩分析

在教师专用的管理页面，点击第四个按钮，进入“成绩分析”界面，可以对本班学生的实习成绩进行综合分析，包括以下四类图表。

1.5.2.1　班级能力

分别以柱状图和曲线图两种方式显示，描述本班学生的平均能力，包括综合能力、单据填写熟练程度、业务流程熟练程度及预算能力四项，教师可以任意选择其中一项或多项查看，同时还可选择查看的合同数目（系统默认为查看前十五

笔)。注意图中 x 轴是以学生已完成的合同量来递进的，未完成的合同不计入其中。

图 1-5 为某班级的班级能力柱状图。

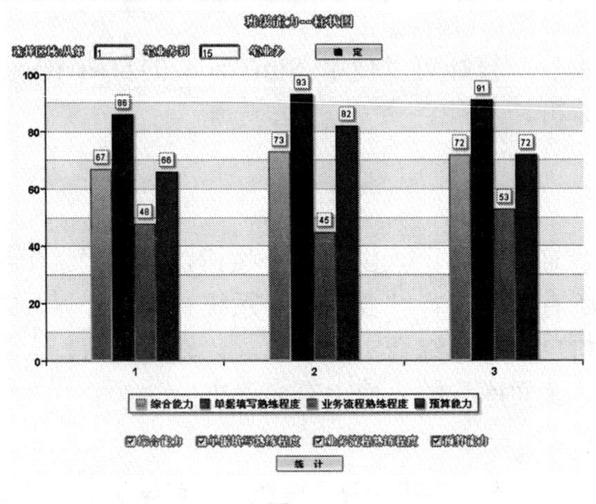

图 1-5

1.5.2.2　学生能力

同样以柱状图和曲线图两种方式显示，教师可选择学生学号，查看每个学生的个人能力，同样包括单据填写熟练程度等四项，同样以每笔已完成的合同为标准。

1.5.2.3　学生百分制成绩

分为柱状图、曲线图与饼状图三种显示方式，反映每个分数段的学生人数。这里的分数是学生的实际得分，与“学生考评”页面中学生所得总分相同。

1.5.2.4　学生五分制成绩

分为柱状图、曲线图与饼状图三种显示方式，根据“系统参数”页面中对五分制评分标准的设定，反映每个等级段的学生人数。

【学生操作界面简介】

1.6　进出口商及工厂操作页面简介

以出口商（进口商或工厂）的角色登录后，进入出口商（进口商或工厂）的操作主页面（如图 1-6 所示）。在页面首页上，列有该出口商（进口商或工厂）目前

的等级（最高为 10 颗金钻，每颗金钻相当于 10 分，每颗白钻相当于 5 分）；点击“实习要求”链接，将显示实习指导思想、实习主要内容、实习具体安排及其内容；点击“在线列表”链接，将看到目前登录实习系统的所有使用者的名单，实习者可根据此份名单选择本次在线交易的对象；点击“系统提示”链接可以帮助出口商分析目前的经营状况，以便及时提高实习成绩；点击“我的公文夹”链接，可以进入文件管理页面，用户在这里可以看到所有的合同及单据列表，也可以将有用的广告、信息和产品资料收藏进来，随时查看。同时还列出了该用户的当前状态及成长过程，便于及时掌握自己的实习状况，弥补不足。在“我的公文夹”链接中有“我的文件”、“我的收藏”和“我的状态”三个子菜单。

图 1-6

在操作主页面中的上方有 10 个按钮，从左到右分别为首页、资料、财务、库存、业务中心、业务日志、我的邮件、淘金网、帮助、退出。

1.6.1　基本资料

点击主页面上方的第二个按钮，可打开基本资料的操作页面，用于登记公司各项详细信息。

用户编号、账号、注册资金、单位代码、税务登记号、海关代码、电子邮件都是由教师统一分配的，使用者不能修改，这几项在填写单据过程中会用到。用户编号就是登录时使用的账号。

公司全称：在第一次登录成功后，必须先注册公司名称，否则不能进行其他业务操作。注意，出口商的中文、英文全称都要注册；进口商的全称要用英文注册；工厂的全称用中文注册。

公司简称：出口商的中文、英文简称都要注册；进口商的简称要用英文注册；工厂的简称用中文注册。公司简称将会显示在相关交易信息中，但在填写各单据时必须使用全称。

企业法人：出口商要填写中、英文企业法人，进口商只需填写英文企业法人，工厂填写中文企业法人。企业法人作为以后填写各项单据的法人签名使用。中文名称用在与工厂进行的业务往来中，英文名称则用在与进、出口商进行的业务往来中。

国籍：只有进口商才有国籍项，教师在创建学生账号时，系统随机给每位进口商指定国籍，进口商的国籍不能修改。

电话、传真、邮政编码、网址：这些都是公司的联络资料，请逐项填写以便贸易伙伴之间的联络。

公司地址：出口商要填写中、英文公司地址，进口商只填写英文公司地址，工厂填写中文地址。公司地址在合同、信用证及其他单据中都需填写。

公司介绍：填写介绍说明（例如：公司的经营宗旨、生产规模、产品状况等等），以此来吸引交易对象对公司的注意，增加业务机会。出口商和工厂可用中文填写，进口商用英文填写。

修改密码：可对登录密码进行修改。

还可通过浏览方式自由添加公司图片，以上资料都将显示在“淘金网”的“公司库”页面中。

1.6.2 财务资料

点击主页面上方的第三个按钮，可打开“财务资料”的操作界面，这里相当于公司的财务部，所有业务往来发生的收入、支出都在“日记账”页面中体现，所有与贷款有关的项目都在“贷款明细”页面中体现。本页面的财务状况只用于查询，不能做任何修改。在本页面中，注册资金与币别都不可以修改；贷款余额=所有未还贷款的总金额；库存资产=库存量×采购成本。

1.6.2.1 日记账

点击“日记账”按钮，可进入“日记账”页面。“时间”记录收入、支出的具体时间，以“年-月-日 时-分”倒序排列；“收入、支出”记录收入、支出的金额；“合同号”记录收入、支出的相关合同号；“项目描述”记录收入、支出的说明。

1.6.2.2 贷款明细

点击“贷款明细”按钮，可进入“贷款明细”页面。“申请时间”按贷款申请的具体时间，以“年-月-日 时-分”倒序排列；“贷款银行”显示贷款银行的编号，以便今后还贷时输入；“贷款额”显示贷款的金额，其中的币别为申请人申请贷款时所输入的币别，但在涉及公司资金流转时，贷款金额将自动转换成以本国货币计算的金额；状态栏中若显示“申请中”，则表示银行尚未批准此项贷款，若显示“已放贷”，则表示银行同意贷款，并将贷款金额划入申请贷款者的账户中；“贷款描述”是申请人在向银行申请贷款时填写的内容。

1.6.3　库存状况

点击主页面上方的第四个按钮，可打开“库存状况”的操作界面，这里相当于公司的仓库。随着业务的进展，系统将根据“进货后或生产后库存量增加，销货后库存量减少”的原则自动统计出来，本界面只供查询，不能修改。

“商品编号、名称”与“淘金网”中“产品展示”里的资料相对应。生产、进货或出货时，系统均以商品编号来自动计算库存量的增减；“数量”是系统将根据合同签订的销售数量，在生产、出货或进货以后自动增减的库存量；“进出口商库存成本”显示出口商向工厂采购、进口商向出口商采购时所签合同中有关该项产品的采购成本的平均数，“工厂的库存成本”显示工厂生产某商品的成本总和的平均数。

1.6.4　业务中心

点击主页面上方的第五个按钮，可打开“业务中心”的操作界面。

在地图上，每个建筑物都表示与业务相关的工作机构，将鼠标移到建筑物上，页面将显示相应名称。点击该建筑物（如进口商），会在弹出的对话框中列出与进口商相关的工作内容（如起草合同）。在业务中心的具体操作请参考履约流程与快速入门。

1.6.5　业务日志

点击主页面上方的第六个按钮，可打开“业务日志”的操作界面，这里会对进出口及国内采购业务中的相关流程加以标示，让使用者及时了解业务的进行状况。注意，这里显示的是主合同的业务状况，如果要查看其他合同的业务日志，请点击“切换主合同”。每次只能就一笔合同查看业务日志。

日期：指合同的签订日期。本页面以合同日期的倒序排列方式显示，因此在签订合同时，建议使用者输入固定的日期格式（例如：YYYY-MM-DD）。

合同号：为合同的编号。

交易对象：显示合同交易对象的用户编号与公司简称。

目前状况：根据合同的签订、履行的进程，显示当前的执行情况，更详细的状况可以看下方的业务进程标志。

信用证、订舱、报检、投保、备案、送货、报关、取提单、装船通知、产地

证、押汇、托收、交单、结汇、核销、退税是出口相关业务过程的状态标志；领核销单、信用证、租船、投保、付款、承兑、赎单、换提单、报检、报关、缴税、提货、核销、索赔是进口相关业务过程的状态标志。系统在这些项目的下方以“Y”表示已完成状态，以“N”表示未完成状态。根据贸易条件与结算方式的不同，有些项目是可以为“N”的。例如：在CFR方式下由进口商投保，则出口商“投保”项的下方可以为“N”，而进口商在做了投保后，“投保”项下才会变为“Y”。

合同详细事务日志：列出在此合同项下，从起草合同到业务结束的全过程中发生的事件，包括错误操作。

出口商还有个国内业务，通过国内业务可查看国内采购业务的完成状况，操作方法同“出口业务”。

1.6.6 我的邮件

点击主页面上方的第七个按钮，进入“邮件系统”，在这里可通过邮件与各个用户联系。

1.6.7 淘金网

点击主页面上方的第八个按钮，可打开“淘金网”界面。“淘金网”是SimTrade中一个仿真的B to B电子商务中心，提供完全仿真的国际商业环境，使用者可在各个页面中查到通知、今日汇率，以及工厂、出口商与进口商的详细资料；关键词搜索功能帮助使用者快速找到需要的供求信息、公司、产品资料，为外贸实习提供更大空间。

1.6.8 帮助

如有任何问题，可点击主页面上方的第九个按钮或点击“查阅在线帮助”链接。

1.7 出口地银行和进口地银行操作画面简介

以出口地银行（或进口地银行）的用户名登录成功后，进入出口地（进口地）银行的操作主界面首页（如图1-7所示）。在界面首页上，点击“实习要求”链接将显示实习指导思想、实习主要内容、实习具体安排及其内容；点击“在线列表”链接将看到目前登录实习系统的所有使用者的名单，实习者可根据此份名单选择本次在线交易的对象；点击“系统提示”链接将显示银行目前的经营状况。

图 1-7

在操作主页面中的上方有 10 个按钮，从左到右分别为首页、资料、财务、贷款业务、信用证、结汇单据、我的邮件、淘金网、帮助、退出。

1.7.1　基本资料

点击银行主页面上方的第二个按钮，可打开“基本资料”的操作界面，用于记录银行各项详细信息。

用户编号、注册资金、电子邮件：用户编号就是登录时使用的账号。这几项都是由教师统一分配的，使用者不能修改。

银行全称、简称、地址（英文/中文）：第一次登录成功后，必须先注册银行名称，否则不能进行其他的业务操作。注意，出口地银行的中文、英文名称都要注册，进口地银行的地址必须要用英文填写。

银行电话、传真、邮政编码、网址：这些都是银行的联络资料，请逐项填写以便贸易伙伴之间进行联络。

银行介绍：填写介绍说明，以此来吸引用户的注意，增加业务机会。

修改密码：点击这里可对登录密码进行修改。

以上资料都将显示在“淘金网”的“银行”页面中。

1.7.2　财务资料

点击银行主页面上方的第三个按钮，可打开“财务资料”的操作界面。所有业务往来的收入、支出都体现在财务资料中。本界面的财务状况只用于查询，

不能做任何修改。在本界面中，注册资金与币别都不可修改；贷款=所有已放贷的总金额。

时间：记录收入、支出的具体时间，以“年-月-日”倒序排列。

收入、支出：记录收入、支出的金额。

合同号：记录收入、支出的相关合同号。

项目描述：记录收入、支出的说明。

1.7.3 贷款业务

点击银行主页面上方的第四个按钮，可打开“贷款业务”的操作界面。

申请时间：按贷款申请的具体时间，以“年-月-日 时-分”倒序排列。

贷款人：显示贷款人的编号，以便今后还贷时核对。

贷款额：显示本次贷款的金额。

状态：“申请中”表示银行尚未批准此项贷款，“已放贷”表示银行同意贷款，并将贷款金额划入申请贷款者的账户中。

贷款描述：是出口商、工厂和进口商在向银行申请贷款时填写的内容。

发放贷款、拒绝贷款：选中相应的贷款业务，点击“发放贷款”按钮，将从银行的当前余额中支出贷款金额给申请单位；点击“拒绝贷款”按钮，银行将删除该项贷款业务，同时，申请单位将收到银行不放贷的邮件通知。

1.7.4 信用证

点击银行主页面上方的第五个按钮，可打开“信用证”的操作界面。在该界面中，出口地银行主要起着接收进口地银行发来的信用证和信用证修改书并通知出口商的作用。如果该信用证或修改书有问题，出口地银行可通过邮件系统向出口商说明。进口地银行主要起着审核开证申请书、开立信用证并通知出口地银行的作用。如果开证申请书有问题，进口地银行可通过邮件系统向进口商说明问题所在，并要求进口商重发开证申请书。

选择：每次只能选择一项，出口地银行在这里所做的“制作通知书”、“通知受益人”的操作和进口地银行在这里所做的“开证”、“送进口商”、“送出口地银行”的操作都是针对所选的这项而言。

收到日期：按收到信用证的具体时间，以“年-月-日 时-分”倒序排列。

信用证名称、编号、合同号：点击加下划线的开证申请书或信用证编号，可打开单据查看。

状态：出口地银行以“已通知出口商”与“等待转发”状态表示是否通知出口商，可选择查询条件来分类查看。进口地银行的“已开证”状态表示该合同项下的信用证或修改书已开出；“等待确认”状态表示该合同项下的信用证或修改书已发送到进口商等待其确认；“已确认”状态表示该合同项下的信用证或修改书已由进口商确认，等待发送出口地银行；“已到出口地银行”表示信用证已发送到出口地银行处。

检查：银行填完信用证或信用证修改书后，可用此功能检验是否填写正确。这项功能与教师设置的是否允许银行检查单据功能相关。

出口地银行的制作通知书、通知受益人：如果是“等待转发”状态，可选择该信用证或修改书，点击下方的“制作通知书”项，添加信用证通知书或修改通知书并进行填写；填写完成后，再选择该通知书，点击“通知受益人”项，系统将自动通知出口商信用证或信用证修改书已到，并将该项的状态改为“已通知出口商”。

进口地银行的开证、送进口商、送出口地银行：选择开证申请书或修改申请书前的单选钮，点击“开证”项，再选择查询条件为“已开证”，点击加下划线的信用证或修改书的名称，打开单据页面进行填写，然后点击页面下方的“保存”按钮，即完成信用证或修改书的开立；选择要发送的信用证或修改书，点击“送进口商”，在 SimTrade 中，进口地银行开证后须将信用证发送给进口商，让其确认；选择要发送的信用证或修改书，点击“送出口地银行”，系统将自动处理通知出口地银行信用证已到的事项，同时，状态项自动改为“已到出口地银行”。

1.7.5　结汇单据

点击银行主页面上方的第六个按钮，可打开“结汇单据”的操作界面。

选择：每次只能选择一项。选中后，即可审核该合同项下的所有结汇单据。

日期：为单据到达日期，以“年-月-日 时-分”倒序排列。

合同号：记录单据所对应的合同号。

出口商、进口地银行、进口商、出口地银行：就是合同涉及的出口商与进口地银行和进口商与出口地银行，分别以用户编号+公司简称的形式显示。

状态：标志结汇单据的当前状况，便于使用者追踪单据已到何处。

单据编号、名称：选择合同号，下方将显示出口商提交的相应单据或出口地银行送来的相应单据。点击加下划线的单据编号，可打开单据查看。

检查单据：这项功能与教师设置的是否允许银行检查单据功能相关。如果教师设置允许银行检查单据，则可看到“检查单据”项，银行点击“检查单据”按钮，由系统自动检查并列出单据错误之处；如果教师设置不允许银行检查单据，则担任银行角色的使用者必须自行审核结汇单据。

送进口地银行：出口地银行审单无误，点击此项，系统将自动把结汇单据发送到进口地银行。

通知进口商：进口地银行审单无误，点击此项，系统将自动通知进口商前来赎单。

1.7.6 我的邮件

点击银行主页面上方的第七个按钮，进入邮件系统，在这里可通过邮件与各用户联系。

1.7.7 淘金网

点击银行主页面上方的第八个按钮，可打开“淘金网”界面。

1.7.8 帮助

如有任何问题，可点银行主页面上方的第九个按钮查阅在线帮助。

第 2 章

进出口贸易基本流程

从签订外销合同，到租船订舱、检验、产地证、保险、送货、报关、装船出口，直至押汇（或托收）、交单、结汇、核销、退税，是每笔进出口业务必经的过程。SimTrade 外贸实习平台模拟了进出口业务中最常用的结算方式（L/C、T/T、D/P 或 D/A）和贸易术语（FOB、CFR、CIF）。下面以 CIF 下的 L/C 方式为例，分别列出在 SimTrade 环境里，出口地银行、出口商、进口商、进口地银行的进出口合同履约过程，便于使用者理解和实践。

【信用证方式下的进出口贸易流程】

凭信用证付款是目前进出口贸易上使用最广泛的一种方式。所谓信用证（Letter of Credit，L/C），是指买方应于合同成立后，依照合同所规定的条件，请求当地的外汇银行，向卖方开出的有条件的、承诺付款的书面文件。信用证通常由开证银行通过其在出口地的往来银行转达卖方，卖方收到信用证后，随即着手备货装运，并备妥信用证所要求的一切单据，于交货后开具汇票，连同信用证一并提交外汇银行请求押汇。押汇银行对单据进行审核，如完全符合信用证上所列条款，即买进跟单汇票，并将汇票及单据寄往开证银行，开证银行收到汇票及单据后，就通知买方前往付款赎单。

信用证方式下的进出口贸易流程如图 2-1 所示，下面就该图各阶段的步骤进行说明。

2.1 认识与签约（步骤 1～4）

1．推销

出口商要将产品打进国际市场，必须先开拓市场，寻找合适的交易对象。可以通过寄送业务推广函电（Sale Letter）或在计算机网络、国外杂志、报刊上刊登产品广告来推销自己，同时也可通过参加商展、实地到国外考察等途径来寻找交易对象，增进贸易机会。

2．询盘

又称为询价。进口商收到出口商的业务推广函电或看到广告后，根据自己的

需要，对有意进一步洽商的出口商予以询盘（Inquiry），以期达成交易。

3．发盘

又称为报价。出口商按买主来函要求，先向供货的工厂询盘，然后计算出口报价回函给进口商。这期间可能需要函电多次往返接洽，最后得到关于价格条款的一致意见。

4．签订合同

国外买主与出口商经一番讨价还价后，就各项交易条件达成一致，正式签订外销合同（Contract 或 Agreement）。外销合同可以由出口商起草，也可以由进口商起草。注意，起草与确认合同时双方都需填写预算表。

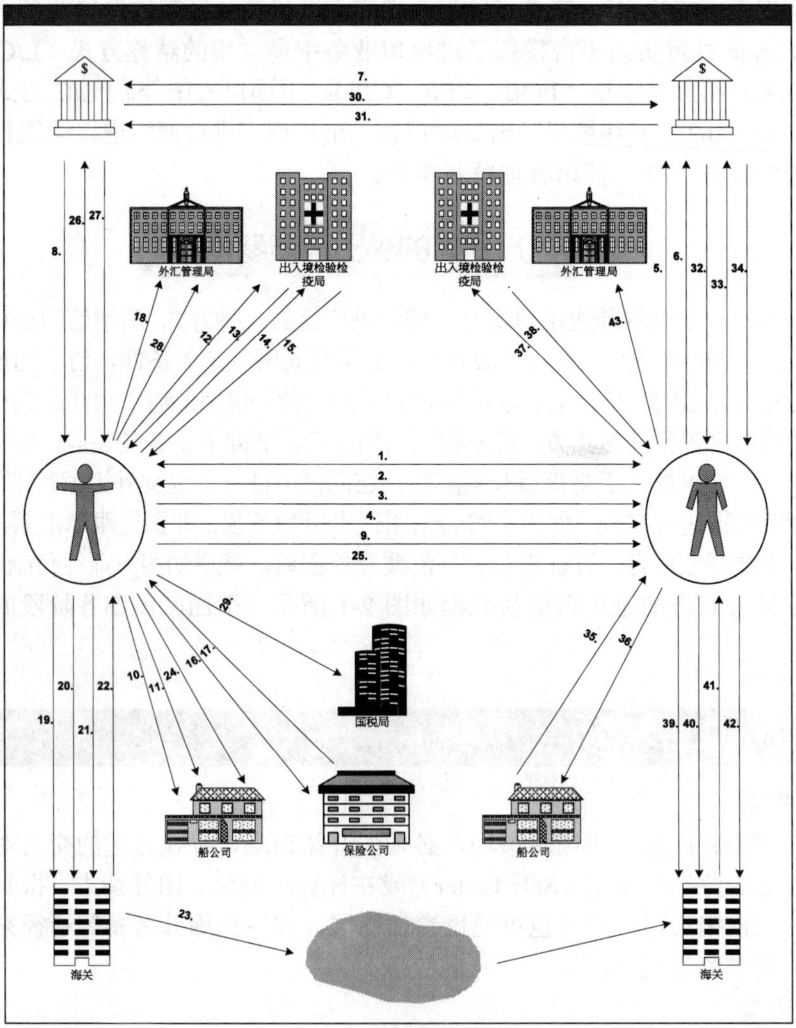

图 2-1

2.2　进口商申请开立信用证（步骤 5～9）

5. 领核销单

为保证企业严格按照正常贸易活动的外汇需要来使用外汇，杜绝各种形式的套汇、逃汇、骗汇等违法犯罪行为，我国规定企业对外付汇要通过国家审核，实行进口付汇核销制度。采用信用证结算方式时，进口商须在开证前到外汇指定银行领取《贸易进口付汇核销单（代申报单）》，凭以办理进口付汇手续；其他结算方式下则在付款前领此单。

6. 申请开信用证

进口商填妥付汇核销单后，再开具《不可撤销信用证开证申请书》(Irrevocable Documentary Credit Application)，向与其有往来的外汇银行申请开立信用证。

7. 开信用证

开证银行接受申请并根据申请书开立信用证（Letter of Credit，L/C)，经返还进口商确认后，将信用证寄给出口地银行（在出口国称通知银行)，请其代为转送给出口商。

8. 通知信用证

出口地银行填妥《信用证通知书》(Notification of Documentary Credit)，将信用证通知给出口商。

9. 接受信用证

出口商收到通知银行送来的信用证后，经审核无误，接受信用证，即可开始备货、装船等事宜。如果信用证有误，可要求进口商修改。

2.3　出口商备货装运（步骤 10～25）

10. 指定船公司

在 CIF 或 CFR 术语下，出口商一边备货，一边还要寻找合适的船公司，以提前做好装运准备；在 FOB 术语下，此步骤则应由进口商完成。

11. 订舱

确定好船公司后，出口商即根据相应的船期，配合装运期限进行订舱，经船公司接受后发给配舱通知，凭此填制其他单据，办理出口报关及装运手续。

12. 申请检验

出口商根据信用证的规定填写《出境货物报检单》(Application for Certificate of Export Inspection)，并备齐商业发票、装箱单等相关文件，向出入境检验检疫

局申请出口检验。

13. **取得检验证明**

检验机构经对商品检验合格后，签发《出境货物通关单》，并根据出口商的要求，签发相应的商检证书，如品质证书、健康证书等。

14. **申请产地证**

出口商填妥相应的产地证明书向相关单位申请签发，其中《原产地证明书》（Certificate of Origin）与《普惠制产地证明书》（Generalized System of Preferences Certificate of Origin "Form A"）应向出入境检验检疫局申请，而《输欧盟纺织品产地证》则应向商务部授权的纺织品出口证书发证机构（图上未标出）申请。

15. **签发产地证**

相关机构经过审核，根据出口商的申请，签发相应的产地证书。

16. **办理保险**

在 CIF 术语下，保险由出口商办理，出口商须根据信用证的规定填写《货物运输保险投保单》（Cargo Transportation Insurance Application），并附商业发票向保险公司投保。

注意：交易条件如果是 CIF，保险才由出口商办理；若是 FOB 或 CFR，则应由进口商办理保险。

17. **取得保险单**

保险公司承保后，签发《货物运输保险单》（Cargo Transportation Insurance Policy）给出口商。

18. **申领核销单**

我国法律规定，境内出口单位向境外出口货物，均应当办理出口收汇核销手续。出口商在报关前，须到外汇管理局申领《出口收汇核销单》。

19. **核销备案**

填妥核销单后，出口商即可凭以向海关申请核销备案。

20. **货物送到指定地点**

出口商办完以上各项手续后，将货物送抵指定的码头或地点，以便报关出口。

21. **报关**

送出货物后，出口商填妥《出口货物报关单》，并备齐相关文件（出口收汇核销单、商业发票、装箱单、出境货物通关单等），即可向海关投单报关。

22. **办理出口通关手续**

海关审核单据无误后即办理出口通关手续，签发加盖验讫章的核销单与报关单（出口退税联）给出口商，以便其办理核销与退税。

23. 装船出运

通关手续完成后，货物即装上船，开航。

24. 取回提单（B/L）

船公司须等到货物已装上船（B/L 上记载有 On Board Date），并启航后才签发提单，因此货物出运后，出口商就可到船公司领取《海运提单》（Bill of Lading，B/L）。

25. 发送装运通知

出口商将货物运出后，应向买主寄发《装运通知》（Shipping Advice）。尤其是在 FOB、CFR 术语下，保险由买方自行负责时，出口商须尽快发送装运通知以便买方凭此办理保险事宜。

2.4　结汇与索偿（步骤 26～34）

26. 备齐相关单据，办理押汇

货物装运出口后，出口商按 L/C 上的规定，备妥相关文件（商业发票、装箱单、海运提单、货物运输保险单、商检证书、产地证、信用证等），并签发以进口商为付款人的汇票（Bill of Exchange），向出口地银行要求押汇（Negotiation）。以出口单据作为质押，向银行融资。

27. 通知结汇，给付收汇核销单

押汇单据经押汇银行验审与信用证的规定相符，即拨付押汇款，通知出口商可以结汇，同时收取一定押汇费用。此外，银行还将出具加盖“出口收汇核销专用联章”的《出口收汇核销专用联》给出口商。

28. 核销

出口商凭出口收汇核销专用联及其他相关文件（出口收汇核销单送审登记表、报关单、出口收汇核销单、商业发票等）向外管局办理核销，办理完成后，外管局发还出口收汇核销单（第三联）。

29. 出口退税

核销完成后，出口商再凭出口收汇核销单（第三联）、报关单（出口退税联）与商业发票前往国税局办理出口退税。

30. 议付后交单

押汇银行议付后，将押汇单据发送到国外开证银行，要求偿付押汇款。

31. 拨付货款

开证银行审单与信用证条款核对无误后，拨付押汇款（即承兑）给出口地银行。

32．通知赎单

开证银行向进口商要求缴清货款。由于当初进口商在向开证银行申请开立信用证时，大部分的信用证金额尚未付清，而出口商已经在出口地押汇（抵押融资），因此开证银行应通知进口商缴清余款，将押汇单据赎回。

33．付款

进口商向开证银行缴清货款，同时需将之前领取的贸易进口付汇核销单交给银行审核。

34．给付单据

进口商付款后，从开证银行取回所有单据（即出口商凭以押汇的文件）。

2.5 进口商提货（步骤35～43）

35．到货通知

此时，货物已运抵进口国的目的港，船公司通知进口商来换取提货单。

36．交提单，换取提货单

进口商向船公司缴交提单（B/L）换取提货单（Delivery Order，D/O）。尤其当进口商是在FOB术语下买入货物时，进口商唯有向船公司缴清运费及杂费，并用B/L向船公司换取D/O，才能向海关提出报关要求，表明进口商已获得船公司同意，可以提领货物。

37．申请检验

进口商填写《入境货物报检单》（Application for Certificate of Import Inspection），并备齐提货单、商业发票、装箱单等文件向出入境检验检疫局申请进口检验。

38．取得检验证明

检验机构经对商品检验合格后，签发《入境货物通关单》给进口商。

39．报关

进口商备齐进口货物报关单、提货单、商业发票、装箱单、入境货物通关单、合同等文件，向海关投单报关。

40．缴税

进口商向海关缴清各项税款，包括进口关税、增值税与消费税等。

41．办理进口通关手续

海关审单通过后，办理进口通关手续。

42．提货

海关放行后，进口商即可到码头或货物存放地提领货物。

43．付汇核销

最后，进口商还要凭进口付汇到货核销表、进口货物报关单及进口付汇核销单到外汇管理局办理付汇核销。

【其他方式下的进出口贸易流程】

L/C、D/P、D/A 和 T/T 是国际贸易中常用的四种结算方式，前面已经具体描述过 L/C 方式下的履约流程，以下将就其他三种结算方式与 L/C 在流程方面的区别加以说明。

2.6 托收方式下的进出口贸易流程

所谓托收（Collection）是指出口商将货物装运出口后，备妥提单（B/L）、保险单、商业发票等一切必要的单据，并签发以进口商为付款人的汇票，一并交给出口地的托收银行，再由托收银行将单据与汇票寄往进口地的代收银行向进口商收取货款的方法。

托收依其付款方式分为两种，一种是规定买方付款后交付单据，称为付款交单（Documents against Payment，D/P），卖方所开的汇票多为即期汇票，汇票经托收银行提示买方，买方应立即付款，然后才能取得货运单据办理提货；另一种是规定买方承兑汇票后，银行才交付单据，称为承兑交单（Documents against Acceptance，D/A），买卖双方如约定以交付单据的条件为承兑交单，则卖方所开出的汇票必为远期汇票。

2.6.1 D/P 与 L/C 的区别

（1）在 D/P 方式下，进口商不需向银行申请开立信用证，有关信用证部分的流程都可省去。

（2）出口商在办完报关等手续后，不再采用“押汇”方式向银行交付单据，而是采用“托收”方式，出口地银行也不需垫付款项。

（3）进口地银行同样不需垫付款项，可直接通知进口商前来付款赎单。

（4）进口商付款后，银行才能通知出口商结汇。

2.6.2 D/A 与 L/C 的区别

（1）在 D/A 方式下，进口商不需向银行申请开立信用证，有关信用证部分的流程都可省去。

（2）出口商在办完报关等手续后，不再采用“押汇”方式向银行交付单据，而是采用“托收”方式，出口地银行也不需垫付款项。

（3）进口地银行同样不需垫付款项，可直接通知进口商前来赎单；进口商赎单时不需付款，可先承兑，再在汇票到期日前付款即可。

（4）进口商付款后，银行才能通知出口商结汇。

2.7 汇付方式下的进出口贸易流程

汇付（Remittance）又称汇款，指付款人主动通过银行或其他途经将款项汇交收款人。在国际贸易中，一般是由买方按合同约定的时间，将货款通过银行，汇交给卖方。通常分为货到付款（Cash on Delivery）与预付货款（Payment in Advance）。前者相当于赊账业务，风险较大；而后者是指买方于订货时或交货前支付货款。汇付的种类有电汇（Telegraphic Transfer，T/T）、信汇（Mail Transfer，MT）、票汇（Demand Draft，DD）、支票（Check）等。其中电汇最为常用，下面仅说明 T/T 与 L/C 的区别。

（1）在 T/T 方式下，进口商不需向银行申请开立信用证，有关信用证部分的流程都可省去。

（2）出口商在办完报关等手续后，不再采用“押汇”方式向银行交付单据，而是在“单据列表”页面中直接将单据送进口商。

（3）进口商收到单据后可直接办理相关手续，待销货收回资金后再付款给进口商。

（4）进口商付款后，银行才能通知出口商结汇。

【国内采购流程】

出口商与进口商签订合同后，就应开始准备货物，下面以图 2-2 所示的国内采购流程为例，对采购的具体流程加以说明，便于使用者理解和实践。

1．推销

产品制造商和出口贸易商都需要积极开发市场，寻找贸易对象，可寄送业务推广函（Sale Letter）或在计算机网络、杂志、报刊上刊登产品广告来推销自己，同时可通过参加商展等途径寻找交易对象，增进贸易机会。

2．询盘

出口商收到工厂的业务推广函或看到广告后，根据自己的需要，对有意进一步洽商的工厂予以询盘，以期达成交易。

3．发盘

工厂按买主来函要求，计算报价回函给出口商。这期间可能需要多次函电往返接洽，最后得到关于价格条款的一致意见。

4．签约

交易双方经一番讨价还价后，正式签订国内买卖合同（Contract 或 Agreement）。在 SimTrade 中，买卖合同可以由出口商起草，也可以由工厂起草。

5．生产货物

签约后，工厂即着手生产货物。

6．交货

生产完成后，工厂依合同放货给出口商。

7．支付货款

工厂放货的同时，出口商支付货款，交易完成。

8．缴税

合同完成后，工厂还需到国税局就该笔合同的收益缴付税款，增值税率与综合费用费率可在“淘金网”的“其他费用”中查到，以合同金额乘之即得税款。

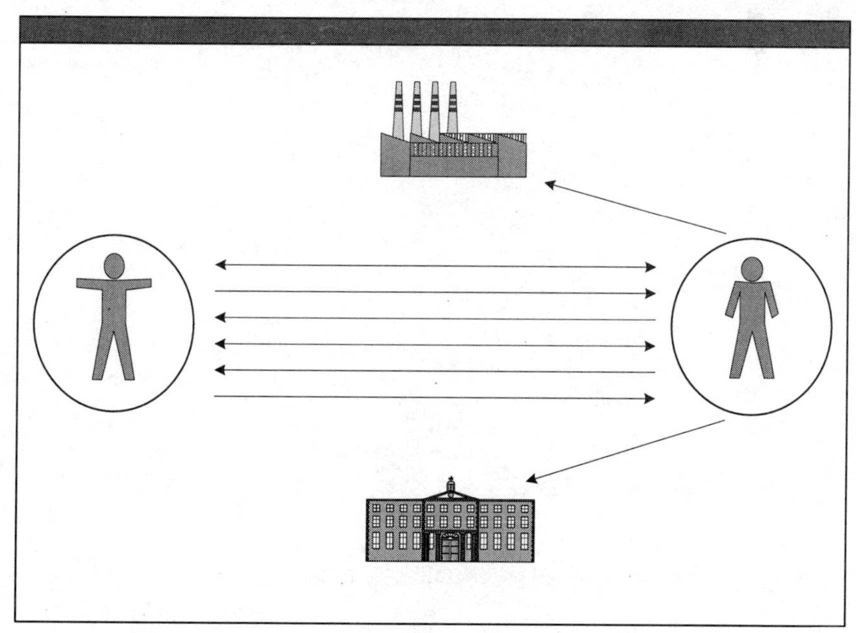

图 2-2

基础实验

第3章

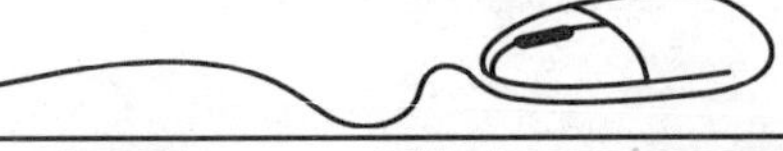

实验一 进出口贸易案例分析

3.1 实验目的

通过两个经典的进出口贸易实务操作案例，使学生了解实际业务中业务部门的业务操作与制单、财务部门的核销与退税，以及货运代理公司的工作过程，为学生今后从事相关行业的工作范围、工作性质和进出口实务流程建立感性、完整的认识。

3.2 实验准备

（1）对进出口贸易中涉及的各部门的主要职能有一定的了解。

（2）对国际贸易中进口贸易与出口贸易环节上的主要差异有基本的认知，并能就同一贸易过程的两个方面进行逆向分析。

（3）了解一定的国际贸易常识，如贸易术语、贸易单证等。

3.3 实验内容

（1）以食品类产品出口为例，分析出口合同履行的各环节，以及各环节所涉及的问题及相关单证的制作。

（2）以机电类产品进口为例，分析进口合同履行的各环节，以及各环节中涉及的问题及相关单证的制作。

3.4 实验步骤

3.4.1 出口合同的履行（以食品类案例 1 为例）

（1）键入网址：在浏览器的地址栏输入“外贸实务教学系统”的 IP 地址，进入“外贸实务教学系统”界面，点击“经典案例”链接，进入经典案例主页面，如图 3-1 所示。

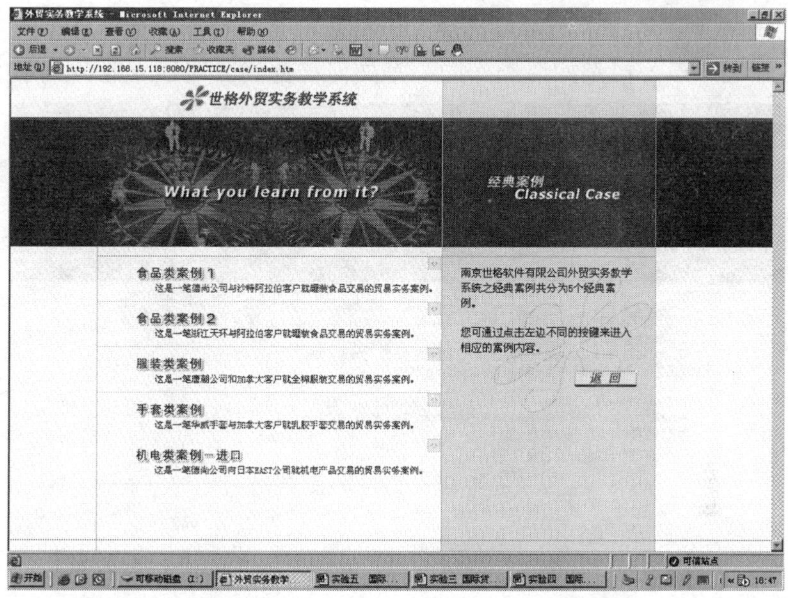

图 3-1

（2）点击“食品类案例 1”链接，进入德尚公司与沙特阿拉伯客户就罐装食品交易的国际贸易实务案例的主页面，如图 3-2 所示，点击查看履行出口合同的各环节。本案例涵盖出口贸易实务操作的全过程，包括从初期的交易准备、磋商，到签合同、备货、报验、租船订舱、报关制单结汇再到核销退税。

外贸实务教学系统 - Microsoft Internet Explorer

http://192.168.15.118:8080/PRACTICE/case/a/amenu.htm

交易准备	交易磋商	落实信用证	出口备货
租船订舱	出口报验	申领核销单	出口报关
装船出运	制单结汇	收汇核销	出口退税

案例基本资料	
外贸公司(DESUN)：	DESUN TRADING CO., LTD. HUARONG MANSION RM2901 NO.85 GUANJIAQIAO,NANJING 210005, CHINA TEL: 0086-25-4715004 FAX: 0086-25-4711363
国外客户(NEO)：	NEO GENERAL TRADING CO. P.O. BOX 99552, RIYADH 22766, KSA TEL: 00966-1-4659220 FAX: 00966-1-4659213
交易商品：	碎片蘑菇罐头(CANNED MUSHROOMS PIECES & STEMS)
成交方式：	CFR
付款方式：	即期信用证(L/C AT SIGHT)
通知行：	中国银行江苏省分行
出口口岸：	上海
供应厂商：	徐州市盛通食品厂
印刷厂商：	徐州市恒丰印刷厂
货运代理公司：	上海凯通国际货运代理有限公司
承运船公司：	中国远洋集装箱运输有限公司
备注说明：	该外贸公司的业务形态是每个业务员负责业务的始末，直到收汇后转交财务部门办理核销退税事宜。

这是一笔德尚公司与沙特阿拉伯客户就罐装食品交易的贸易实务案例。

本案例从初期的交易准备、磋商，到签合同、备货、报验、租船订舱、报关、制单结汇，再到核销、退税，涵盖贸易实务操作的全过程。

通过本案例，学生可以了解到业务部门的业务操作与制单、财务部门的核销与退税，以及货运代理公司的工作过程，对学生今后从事相关行业的工作范围、工作性质有较全面的认识。

返 回

图 3-2

（3）点击“交易准备”按钮，进入“交易准备”页面，如图 3-3 所示。查看交易准备过程中该公司是如何操作的，是如何与德尚公司建立业务关系的。

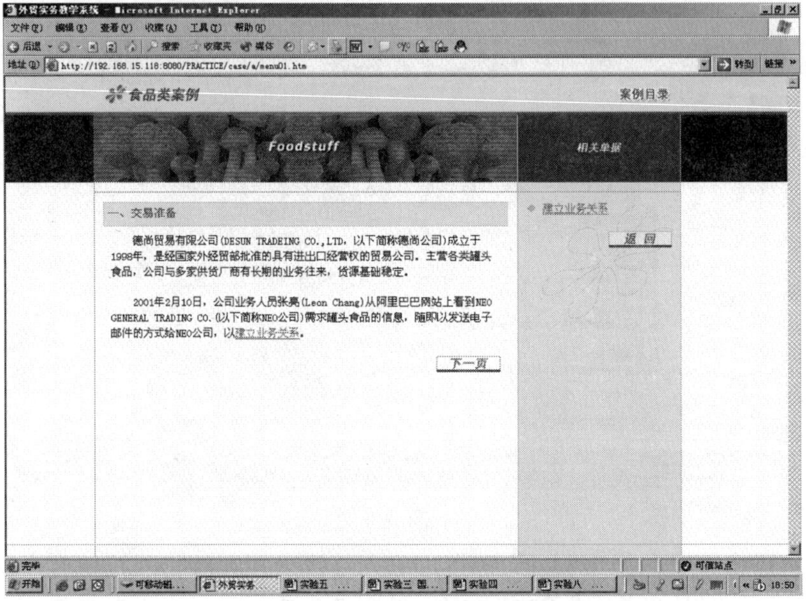

图 3-3

（4）返回经典案例主页面，点击“交易磋商”按钮，进入“交易磋商”页面，如图 3-4 所示。查看该公司的询盘、发盘、还盘、接受以及签订合同的整个过程。

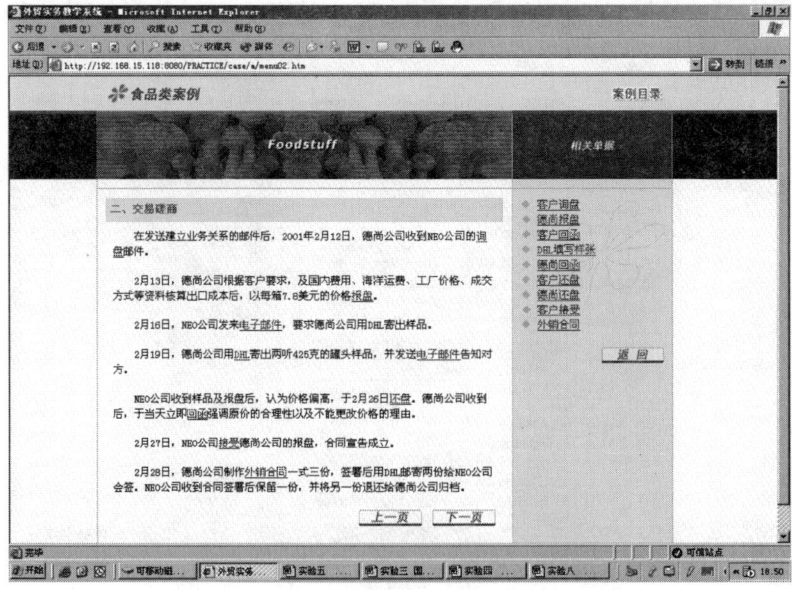

图 3-4

（5）返回经典案例主页面，点击“落实信用证”按钮，进入“落实信用证”页面，如图 3-5 所示。查看信用证的开立过程，以及学习如何催证、审证和改证。

外贸实务教学系统 - Microsoft Internet Explorer
http://192.168.15.118:8080/PRACTICE/case/a/menu03.htm
食品类案例
案例目录
Foodstuff
相关单据
三、落实信用证
在签订出口合同时，NEO公司要求德尚公司传真形式发票供其开立信用证。
在合同签订半个月后（2001年3月15日），德尚公司还未收到NEO开来的信用证，于是发出催证的电子邮件，催促NEO公司迅速办理开证手续。
2001年3月22日，中国银行江苏省分行通知德尚公司收到NEO公司通过利雅得银行开来的编号为0011LC123756的信用证电开本。
其中与缮制议付单据有关的条款如下：
1.开证行：ALRAJHI BANKING AND INVESTMENT CORPORATION, RIYADH
2.通知行：中国银行江苏省分行
3.不可撤销信用证号：0011LC123756，开证日期：2001年3月20日
4.信用证有效期及地点：2001年5月15日，中国
5.申请人：
NEO GENERAL TRADING CO.
P.O. BOX 99552, RIYADH 22766, KSA
形式发票
催证函电
信用证通知书
信用证
要求改证的函件
信用证修改通知书
信用证修改件
返 回

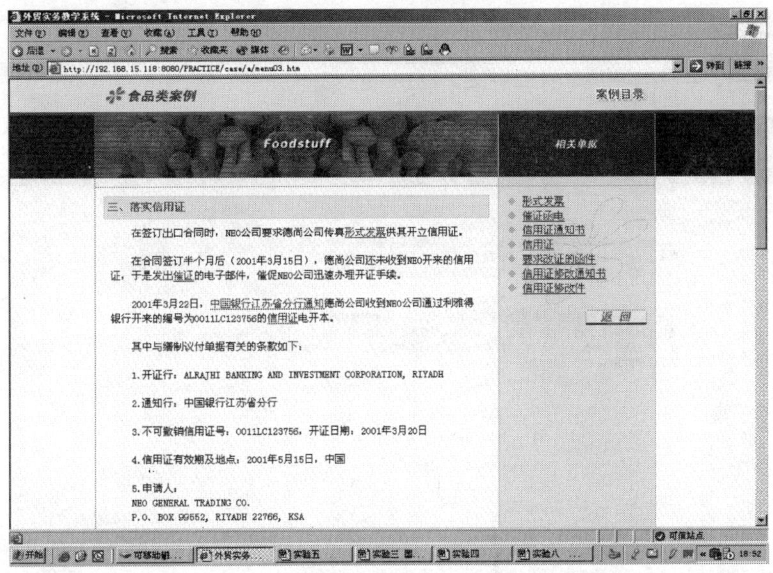

图 3-5

（6）返回经典案例主页面，点击“出口备货”按钮，进入“出口备货”页面，如图 3-6 所示。查看该公司如何向合作工厂下单，签订内销合同，以及如何控制产品的过程。

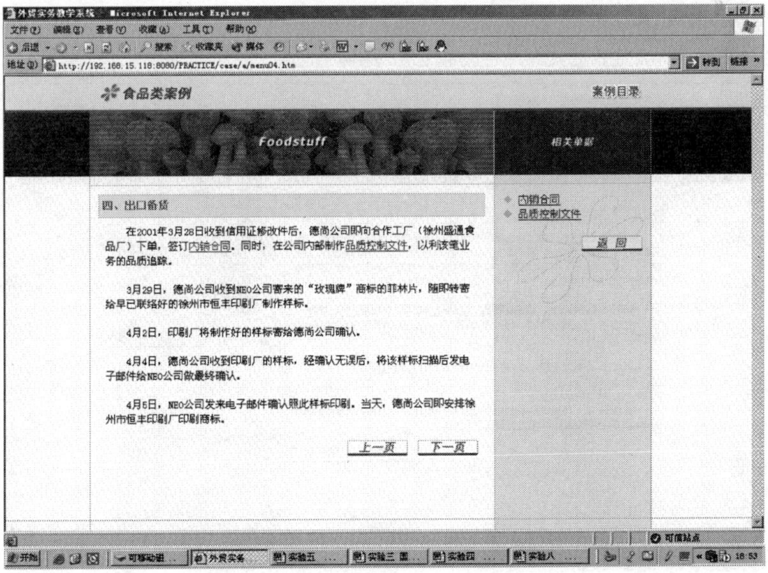

外贸实务教学系统 - Microsoft Internet Explorer
http://192.168.15.118:8080/PRACTICE/case/a/menu04.htm
食品类案例
案例目录
Foodstuff
相关单据
四、出口备货
在2001年3月28日收到信用证修改件后，德尚公司即向合作工厂（徐州盛通食品厂）下单，签订内销合同。同时，在公司内部制作品质控制文件，以利该笔业务的品质追踪。
3月29日，德尚公司收到NEO公司寄来的“玫瑰牌”商标的菲林片，随即转寄给早已联络好的徐州市恒丰印刷厂制作样标。
4月2日，印刷厂将制作好的样标寄给德尚公司确认。
4月4日，德尚公司收到印刷厂的样标，经确认无误后，将该样标扫描后发电子邮件给NEO公司做最终确认。
4月5日，NEO公司发来电子邮件确认照此样标印刷。当天，德尚公司即安排徐州市恒丰印刷厂印刷商标。
上一页
下一页
内销合同
品质控制文件
返 回

图 3-6

（7）返回经典案例主页面，点击“租船订舱”按钮，进入“租船订舱”页面，如图 3-7 所示。查看该公司确定货运代理代为订舱的相关事项。

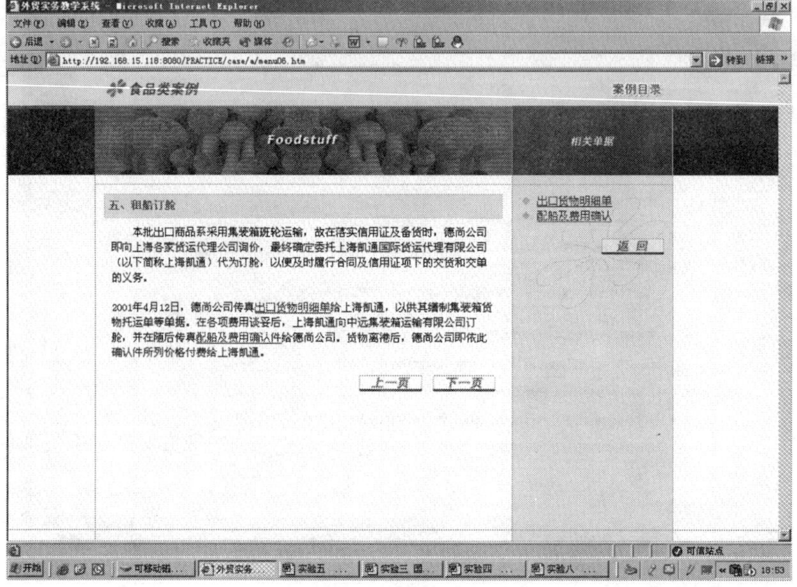

图 3-7

（8）返回经典案例主页面，点击“出口报验”按钮，进入“出口报验”页面，如图 3-8 所示。查看该公司报验的过程，学习在报验时所需单据的填写，以及相关证明的获取与提交。

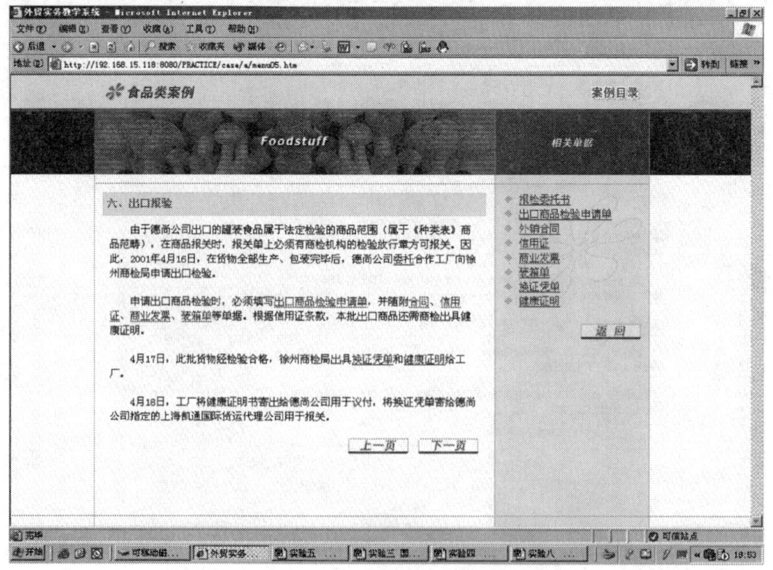

图 3-8

（9）返回经典案例主页面，点击“申领核销单”按钮，进入“申领核销单”页面，如图 3-9 所示。查看该公司申领核销单的具体操作过程。

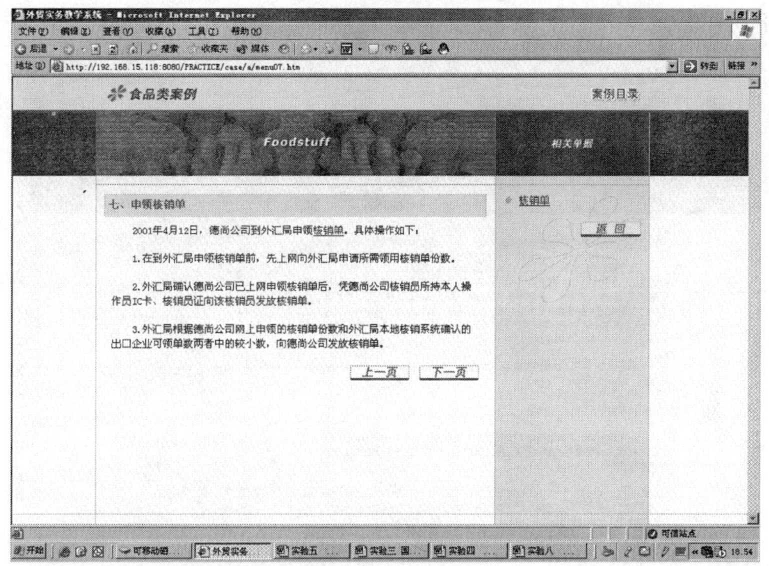

图 3-9

（10）返回经典案例主页面，点击“出口报关”按钮，进入“出口报关”主页面，如图 3-10 所示。查看该公司报关所需单证的填制方法，以及报关的过程和注意事项。

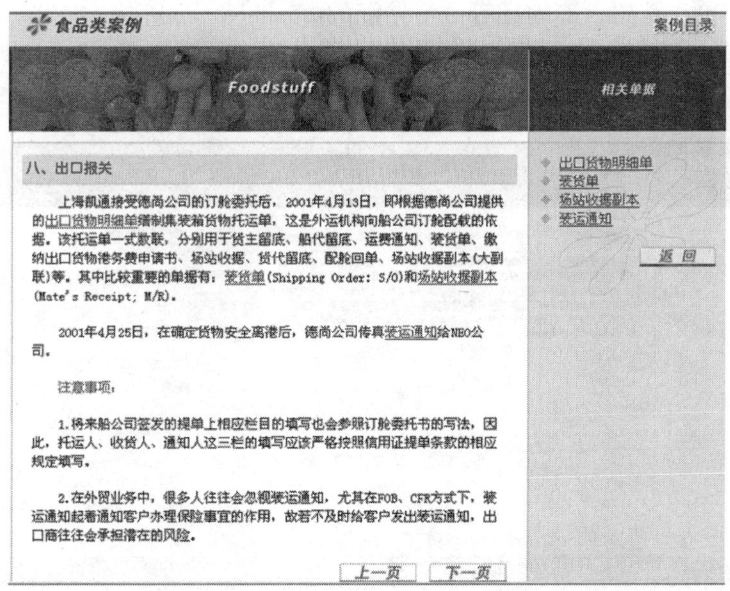

图 3-10

（11）返回经典案例主页面，点击“装船出运”按钮，进入“装船出运”页面，如图 3-11 所示。查看该公司货物装船出运的全过程及注意事项，学习比较重要的单据的填制方法。

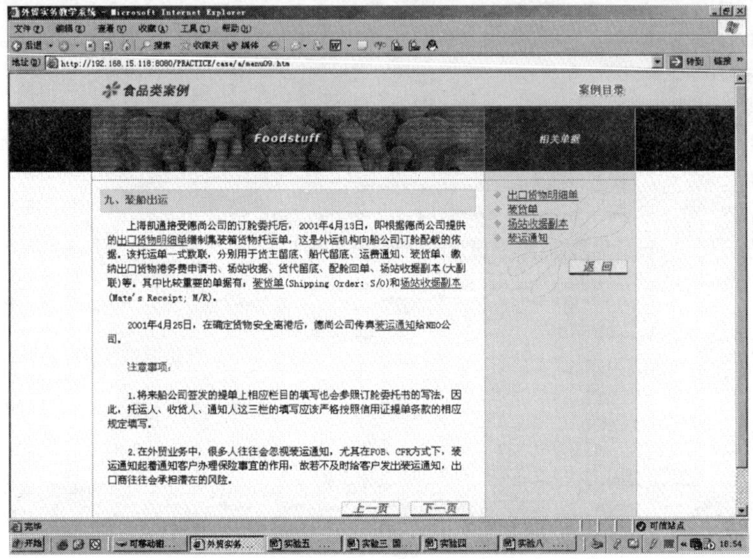

图 3-11

（12）返回经典案例主页面，点击“制单结汇”按钮，进入“制单结汇”页面，如图 3-12 所示。查看该公司是如何制作全套议付单据（包括商业发票、海运提单、装箱单、汇票、产地证等）与结汇的。

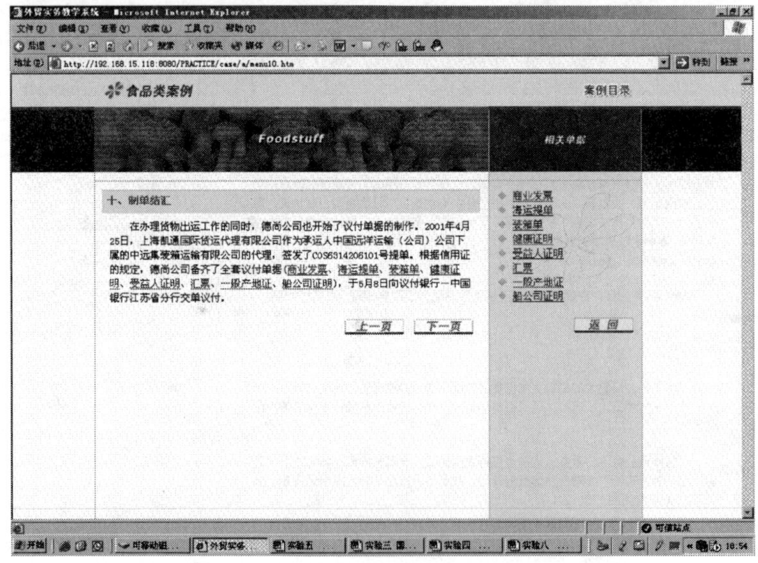

图 3-12

（13）返回经典案例主页面，点击“收汇核销”按钮，进入“收汇核销”页面，如图 3-13 所示。查看该公司收汇核销的过程。

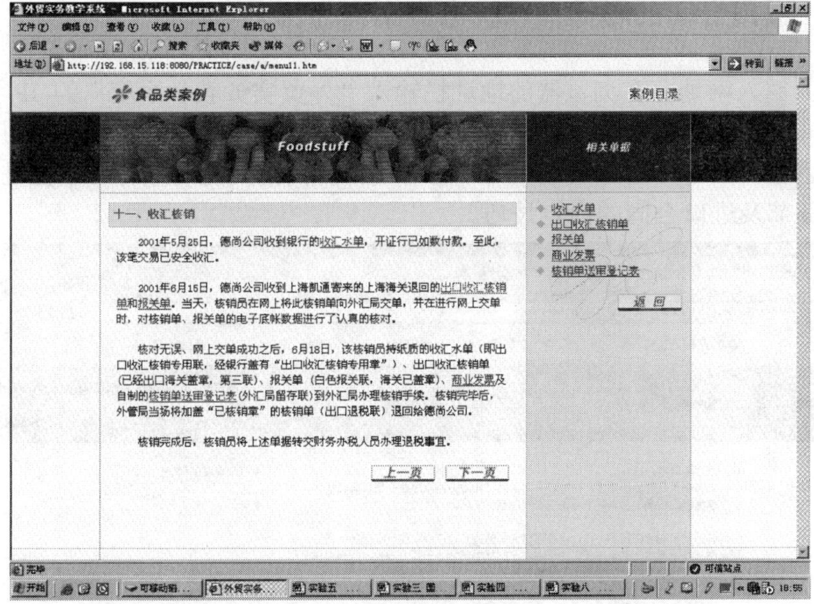

图 3-13

（14）返回经典案例主页面，点击“出口退税”按钮，进入“出口退税”页面，如图 3-14 所示。查看该公司如何办理出口退税的过程。

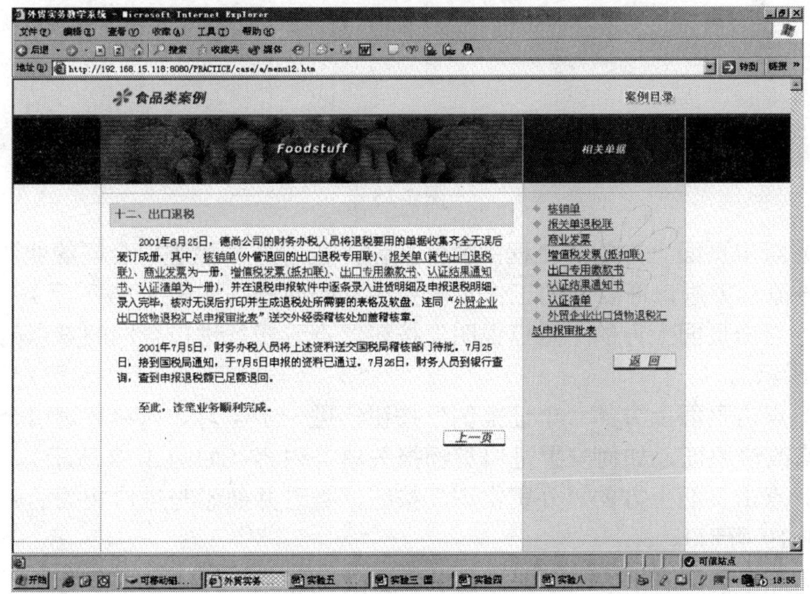

图 3-14

至此，德尚公司与沙特阿拉伯客户就罐装食品出口的交易过程结束。

3.4.2　进口合同的履行（以机电类案例为例）

（1）键入网址，在浏览器的地址栏输入“外贸实务教学系统”的 IP 地址，进入“外贸实务教学系统”的“教学课程”主页，点击“进口详述”按钮，进入进口详述主页面（如图 3-15 所示），查看进口合同的商定和履行，掌握进口贸易的基本环节及进口合同的商定技巧。

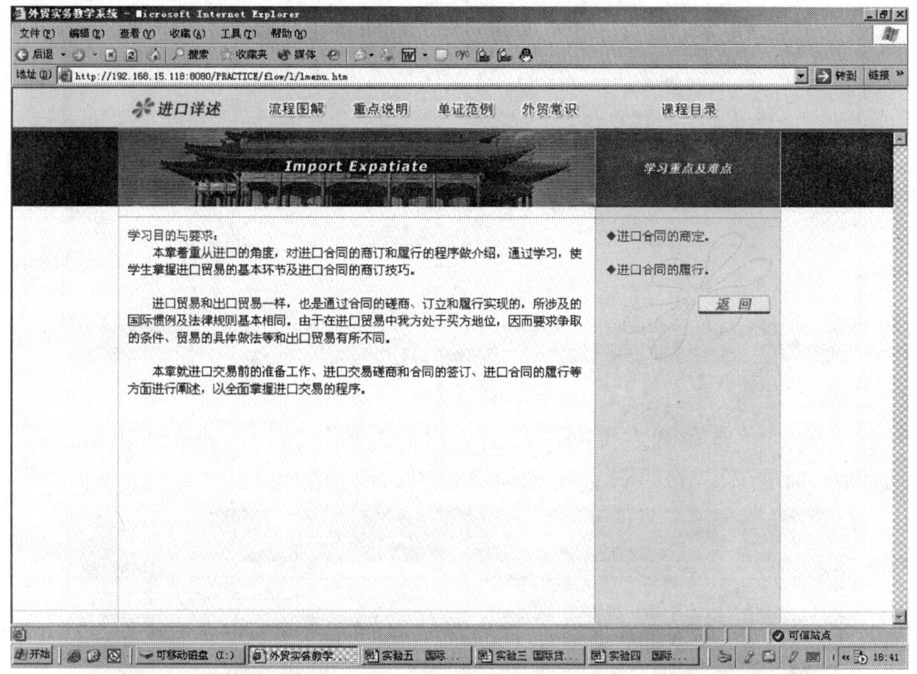

图 3-15

（2）点击页面上方的“流程图解”按钮，查看并掌握进口合同的业务流程，了解每一流程中进口商要做的工作及需要注意的问题（如图 3-16 所示）。

（3）点击页面上方的“重点说明”按钮，查看履行进口合同的重点问题（如图 3-17 所示）。

（4）点击页面上方的“单证范例”按钮，进一步学习如何签订进口合同，如何审核修改信用证，如何安置进口货物报关单等内容（如图 3-18 所示）。

（5）点击页面上方的“外贸常识”按钮，查看并熟悉与进口相关的外贸常识（如图 3-19 所示）。

（6）点击页面右上方的“课程目录”按钮，然后点击右下角的“返回”按钮，回到外贸实务教学系统主页面，如图 3-20 所示。

进口详述
流程图解
重点说明
单证范例
外贸常识
课程目录
进口合同流程图
签订合同
交易磋商
进口前的准备
申请开证
订立运输合同
保险
商品检验
报关、接货、拨交
审单付款
索赔
进口交易前的准备工作
页首
为了顺利完成进口任务，提高交易的成功率，在洽谈进口交易前，各进出口企业必须认真做好交易前的准备工作。这主要包括：选择适当的目标市场，选择交易对象，制定商品经营方案，选配交易洽谈人员，同时要做好产品的对外宣传工作。
进口交易磋商
进口交易的磋商，其方式、程序和注意事项与出口交易大致相同，主要包括询盘、(对方发盘)、比价和还盘、接受等程序。
进口合同的签订
发盘经过接受，合同即告成立，通常都要签订书面合同。进口合同的主要条款包括：商品的品质条款、包装条款、交货条款、迟交罚金条款、检验和索赔条款等内容。签约时，要做到规范、详实、准确和有利于履约。

图 3-16

进口详述
流程图解
重点说明
单证范例
外贸常识
课程目录
选择目标市场
选择交易对象
制定进口商品经营方案
选配交易洽谈人员
询盘
比价和还盘
接受
进口合同中的品质条款
进口合同中的包装条款
进口合同中的交货条款
进口合同中的迟交罚金条款
进口合同中的检验和索赔条款
预约保险
逐笔投保
区别情况向责任方索赔
进口索赔应该注意的几个问题
海运进口业务-订舱
进口商品检验程序
进口货运业务
进口集装箱整箱提运流程
进口集装箱拆箱提货作业流程
进口货物国内港口交接、代运程序
进口集装箱货运站操作实务
进口付汇核销程序

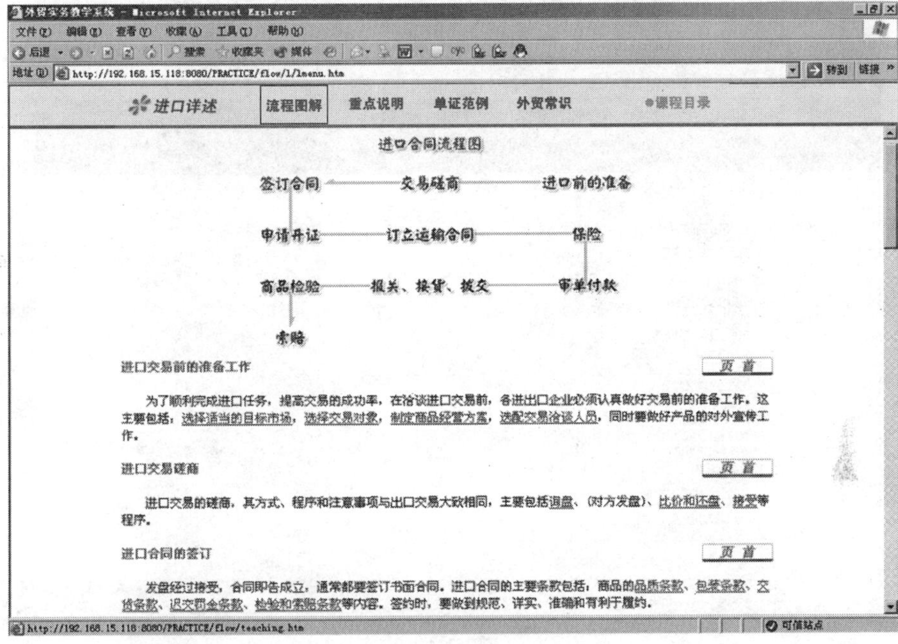

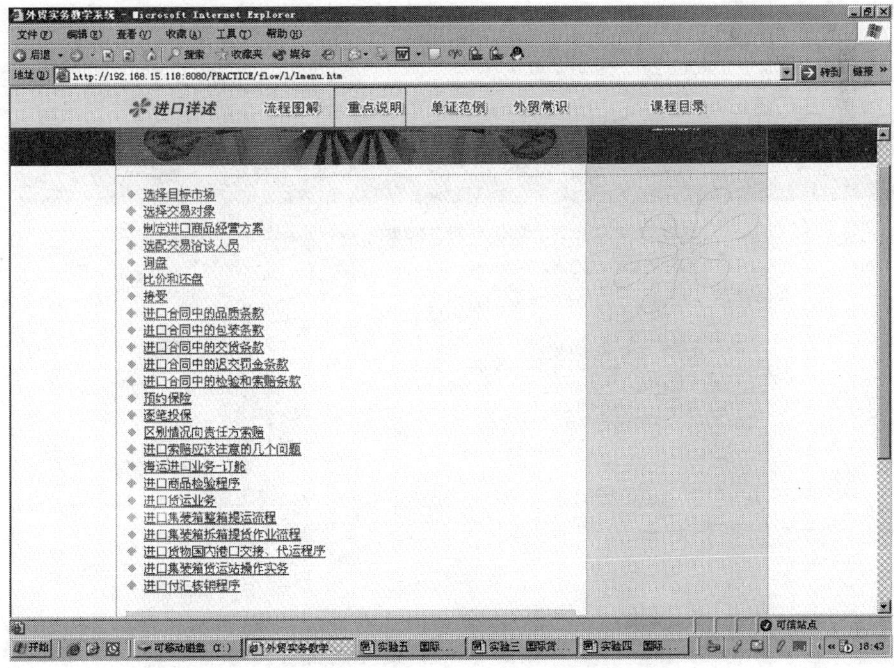

图 3-17

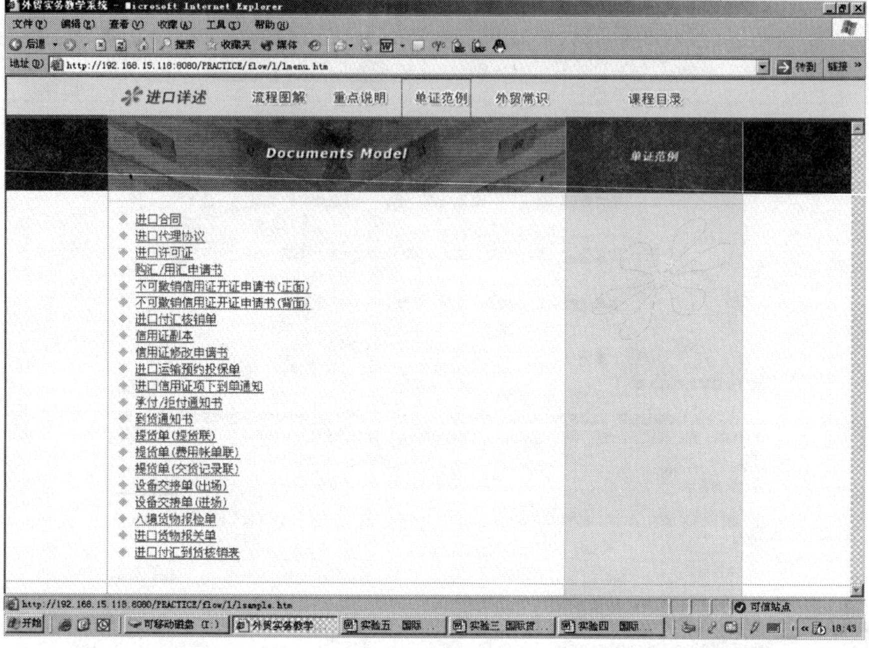

外贸实务教学系统 - Microsoft Internet Explorer
http://192.168.15.118:8080/PRACTICE/flow/1/lmenu.htm
进口详述
流程图解
重点说明
单证范例
外贸常识
课程目录
Documents Model
单证范例
进口合同
进口代理协议
进口许可证
购汇/用汇申请书
不可撤销信用证开证申请书(正面)
不可撤销信用证开证申请书(背面)
进口付汇核销单
信用证副本
信用证修改申请书
进口运输预约投保单
进口信用证项下到单通知
承付/拒付通知书
到货通知书
提货单(提货联)
提货单(费用帐单联)
提货单(交货记录联)
设备交接单(出场)
设备交接单(进场)
入境货物报检单
进口货物报关单
进口付汇到货核销表

图 3-18

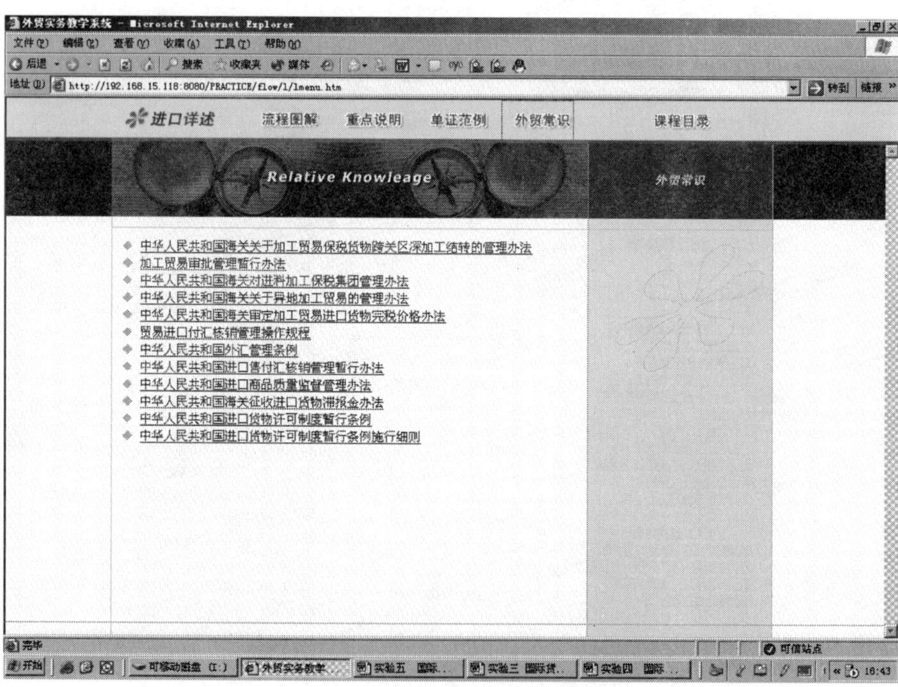

外贸实务教学系统 - Microsoft Internet Explorer
http://192.168.15.118:8080/PRACTICE/flow/1/lmenu.htm
进口详述
流程图解
重点说明
单证范例
外贸常识
课程目录
Relative Knowleage
外贸常识
中华人民共和国海关关于加工贸易保税货物跨关区深加工结转的管理办法
加工贸易审批管理暂行办法
中华人民共和国海关对进料加工保税集团管理办法
中华人民共和国海关关于异地加工贸易的管理办法
中华人民共和国海关审定加工贸易进口货物完税价格办法
贸易进口付汇核销管理操作规程
中华人民共和国外汇管理条例
中华人民共和国进口售付汇核销管理暂行办法
中华人民共和国进口商品质量监督管理办法
中华人民共和国海关征收进口货物滞报金办法
中华人民共和国进口货物许可制度暂行条例
中华人民共和国进口货物许可制度暂行条例施行细则

图 3-19

图 3-20

点击“经典案例”链接，进入经典案例主页面，点击“机电类案例—进口”链接，进入“机电类案例—进口”主页面，如图 3-21 所示。

外贸实务教学系统 - Microsoft Internet Explorer

地址 http://192.168.15.118:8080/PRACTICE/case/c/cmenu.htm

机电类案例-进口　　案例目录

Air-Condition　　内容简介

签订合同　申领许可证　开立信用证　租船订舱
办理保险　银行审单付款　委托报验报关　换提货单
进口报验　进口报关　提货拨交　财务结算
付汇核销

案例基本资料	
外贸公司(简称DESUN)：	南京德尚贸易有限公司 NANJING DESUN TRADING CO., LTD. HUARONG MANSION RM2901 NO.85 GUANJIAQIAO, NANJING 210005, CHINA TEL: 0086-25-4715004 FAX: 0086-25-4711363
国外客户(简称EAST)：	EAST AGENT COMPANY 3-72, OHTAMACHI, NAKA-KU, YOKOHAMA, JAPAN 231 TEL: 045-662-7432 FAX: 045-662-7436
国内客户：	南京星蓝有限公司
开证银行：	中国银行江苏省分行

这是一笔南京星蓝有限公司委托DESUN公司向日本EAST公司就机电产品交易的进口贸易实务案例。

进口贸易和出口贸易一样，也是通过合同的磋商、订立和履行实现的，所涉及的国际惯例和法律法规基本相同。由于在进口贸易中我方处于买方地位，因而要求争取的条件、贸易的具体做法等和出口贸易有所不同。

从本案例中，学生可以了解到委托进口业务的流程，对外贸公司自营进口的业务，还需注意做好交易前的准备工作。

返回

图 3-21

该案例是南京星蓝有限公司委托DESUN公司与日本EAST公司进行机电产品交易的进口贸易实务案例。该案例涵盖了进口贸易的全过程，与出口贸易一样，也是通过合同的磋商、订立和履行实现的，所涉及的国际惯例和法律法规基本相同，但是由于在进口贸易过程中我方处于买方的地位，因而要求争取的条件、贸易的具体做法等和出口贸易有所不同。从本案例中，学生可以了解到委托进口业务的流程。

（7）点击“签订合同”、“申领许可证”、“开立信用证”、“租船订舱”、“办理保险”、“银行审单付款”、“委托报验报关”、“换提货单”、“进口报验”、“进口报关”、“提货拨交”、“财务结算”、“付汇核销”等按钮，查看该公司进口合同履行的各环节以及所涉及的单证，从而学会如何履行进口合同，具体页面如图3-22至图3-34所示。

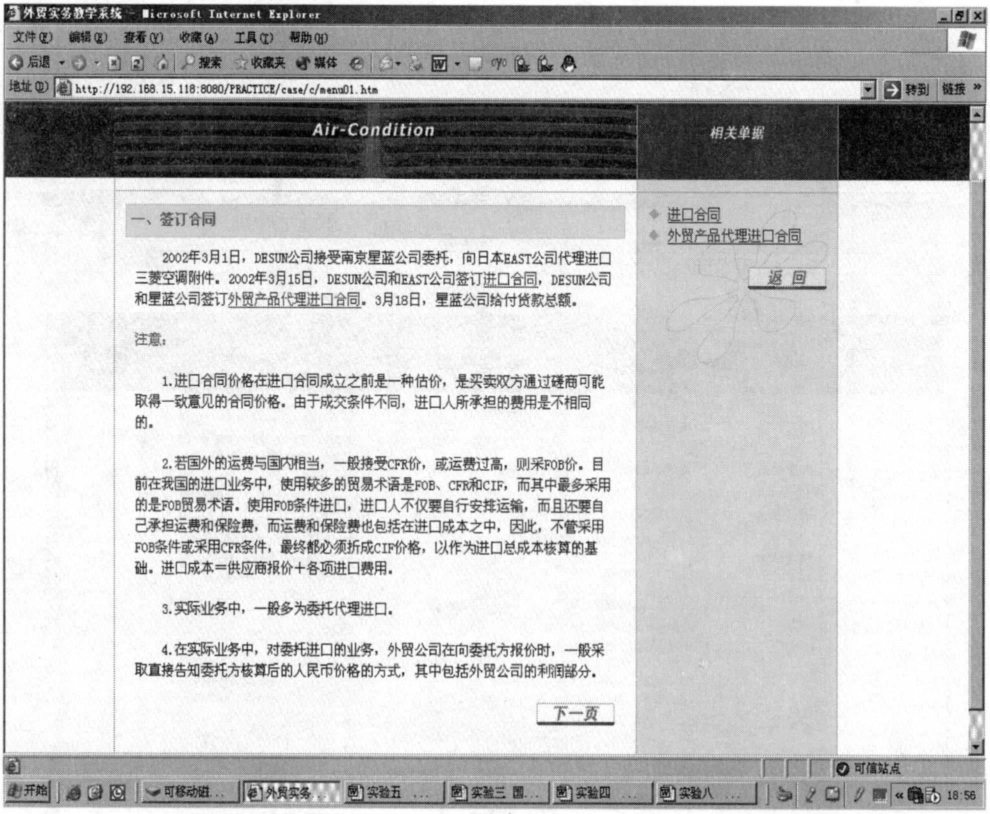

外贸实务教学系统 - Microsoft Internet Explorer

文件(F) 编辑(E) 查看(V) 收藏(A) 工具(T) 帮助(H)

地址(D) http://192.168.15.118:8080/PRACTICE/case/c/menu01.htm

Air-Condition

相关单据

一、签订合同

2002年3月1日，DESUN公司接受南京星蓝公司委托，向日本EAST公司代理进口三菱空调附件。2002年3月15日，DESUN公司和EAST公司签订进口合同，DESUN公司和星蓝公司签订外贸产品代理进口合同。3月18日，星蓝公司给付货款总额。

注意：

1.进口合同价格在进口合同成立之前是一种估价，是买卖双方通过磋商可能取得一致意见的合同价格。由于成交条件不同，进口人所承担的费用是不相同的。

2.若国外的运费与国内相当，一般接受CFR价，或运费过高，则采FOB价。目前在我国的进口业务中，使用较多的贸易术语是FOB、CFR和CIF，而其中最多采用的是FOB贸易术语。使用FOB条件进口，进口人不仅要自行安排运输，而且还要自己承担运费和保险费，而运费和保险费也包括在进口成本之中，因此，不管采用FOB条件或采用CFR条件，最终都必须折成CIF价格，以作为进口总成本核算的基础。进口成本＝供应商报价＋各项进口费用。

3.实际业务中，一般多为委托代理进口。

4.在实际业务中，对委托进口的业务，外贸公司在向委托方报价时，一般采取直接告知委托方核算后的人民币价格的方式，其中包括外贸公司的利润部分。

下一页

进口合同

外贸产品代理进口合同

返回

可信站点

图3-22

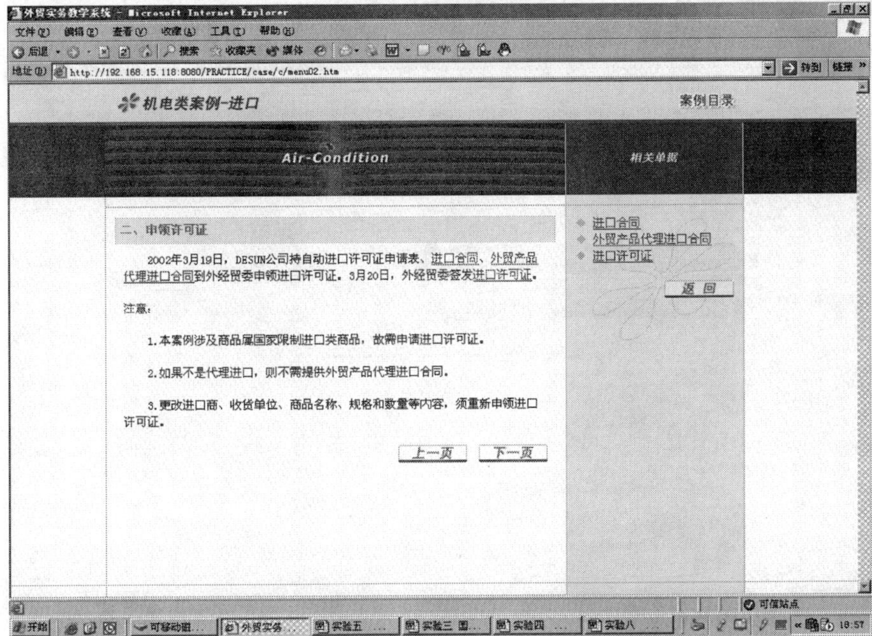
机电类案例-进口
案例目录
Air-Condition
相关单据
二、申领许可证
2002年3月19日，DESUN公司持自动进口许可证申请表、进口合同、外贸产品代理进口合同到外经贸委申领进口许可证。3月20日，外经贸委签发进口许可证。
注意：
1.本案例涉及商品属国家限制进口类商品，故需申请进口许可证。
2.如果不是代理进口，则不需提供外贸产品代理进口合同。
3.更改进口商、收货单位、商品名称、规格和数量等内容，须重新申领进口许可证。
上一页
下一页
进口合同
外贸产品代理进口合同
进口许可证
返回

图 3-23

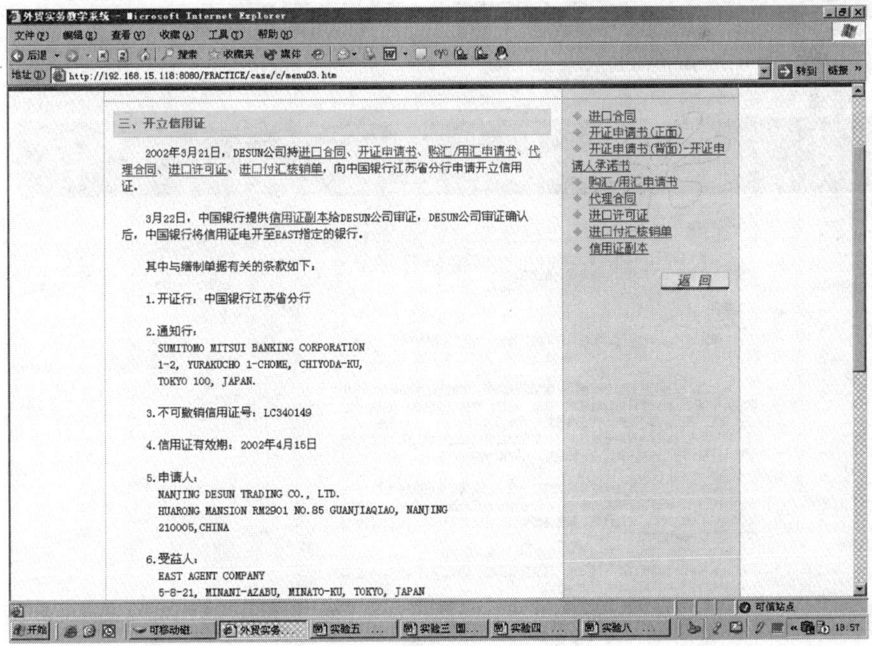
三、开立信用证
2002年3月21日，DESUN公司持进口合同、开证申请书、购汇/用汇申请书、代理合同、进口许可证、进口付汇核销单，向中国银行江苏省分行申请开立信用证。
3月22日，中国银行提供信用证副本给DESUN公司审证，DESUN公司审证确认后，中国银行将信用证电开至EAST指定的银行。
其中与缮制单据有关的条款如下：
1.开证行：中国银行江苏省分行
2.通知行：
SUMITOMO MITSUI BANKING CORPORATION
1-2, YURAKUCHO 1-CHOME, CHIYODA-KU,
TOKYO 100, JAPAN.
3.不可撤销信用证号：LC340149
4.信用证有效期：2002年4月15日
5.申请人：
NANJING DESUN TRADING CO., LTD.
HUARONG MANSION RM2901 NO.85 GUANJIAQIAO, NANJING
210005,CHINA
6.受益人：
EAST AGENT COMPANY
5-8-21, MINANI-AZABU, MINATO-KU, TOKYO, JAPAN
进口合同
开证申请书(正面)
开证申请书(背面)-开证申请人承诺书
购汇/用汇申请书
代理合同
进口许可证
进口付汇核销单
信用证副本
返回

图 3-24

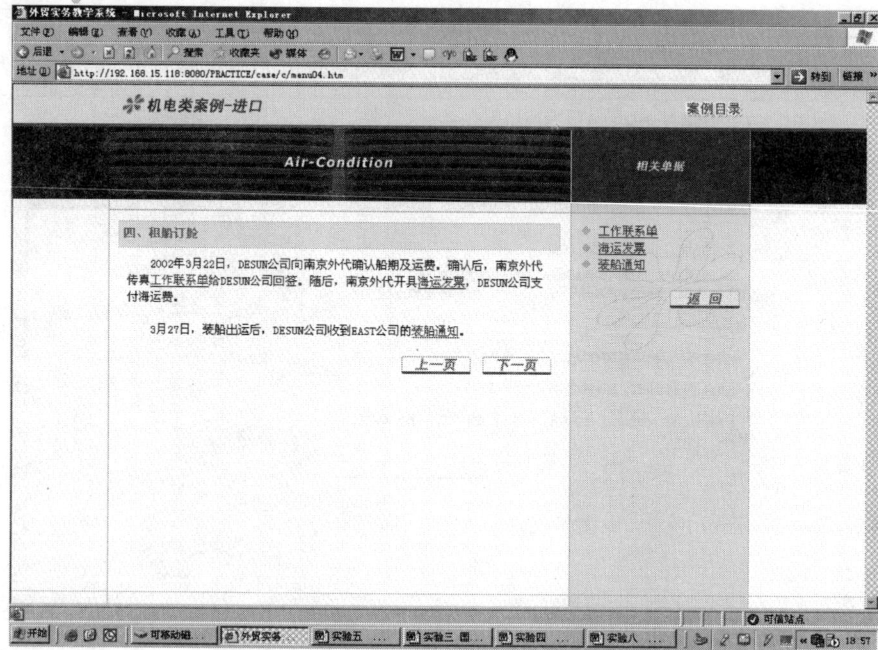
外贸实务教学系统 - Microsoft Internet Explorer
http://192.168.15.118:8080/PRACTICE/case/c/menu04.htm
机电类案例-进口
案例目录
Air-Condition
相关单据
四、租船订舱
2002年3月22日，DESUN公司向南京外代确认船期及运费。确认后，南京外代传真工作联系单给DESUN公司回签。随后，南京外代开具海运发票，DESUN公司支付海运费。
3月27日，装船出运后，DESUN公司收到EAST公司的装船通知。
上一页
下一页
工作联系单
海运发票
装船通知
返回

图 3-25

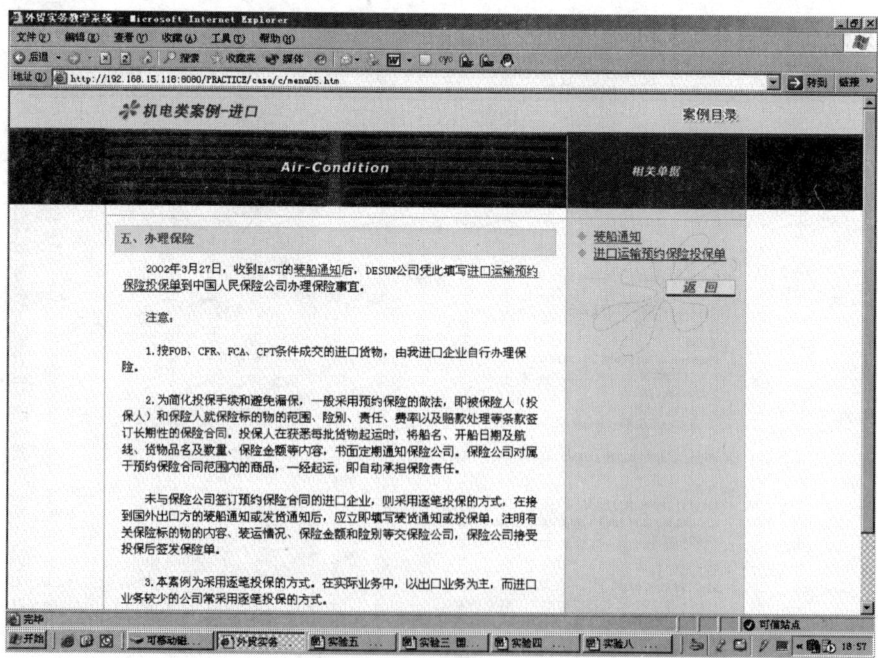
外贸实务教学系统 - Microsoft Internet Explorer
http://192.168.15.118:8080/PRACTICE/case/c/menu05.htm
机电类案例-进口
案例目录
Air-Condition
相关单据
五、办理保险
2002年3月27日，收到EAST的装船通知后，DESUN公司凭此填写进口运输预约保险投保单到中国人民保险公司办理保险事宜。
注意：
1.按FOB、CFR、FCA、CPT条件成交的进口货物，由我进口企业自行办理保险。
2.为简化投保手续和避免漏保，一般采用预约保险的做法，即被保险人（投保人）和保险人就保险标的物的范围、险别、责任、费率以及赔款处理等条款签订长期性的保险合同。投保人在获悉每批货物起运时，将船名、开船日期及航线、货物品名及数量、保险金额等内容，书面定期通知保险公司。保险公司对属于预约保险合同范围内的商品，一经起运，即自动承担保险责任。
未与保险公司签订预约保险合同的进口企业，则采用逐笔投保的方式，在接到国外出口方的装船通知或发货通知后，应立即填写装货通知或投保单，注明有关保险标的物的内容、装运情况、保险金额和险别等交保险公司，保险公司接受投保后签发保险单。
3.本案例为采用逐笔投保的方式。在实际业务中，以出口业务为主，而进口业务较少的公司常采用逐笔投保的方式。
装船通知
进口运输预约保险投保单
返回

图 3-26

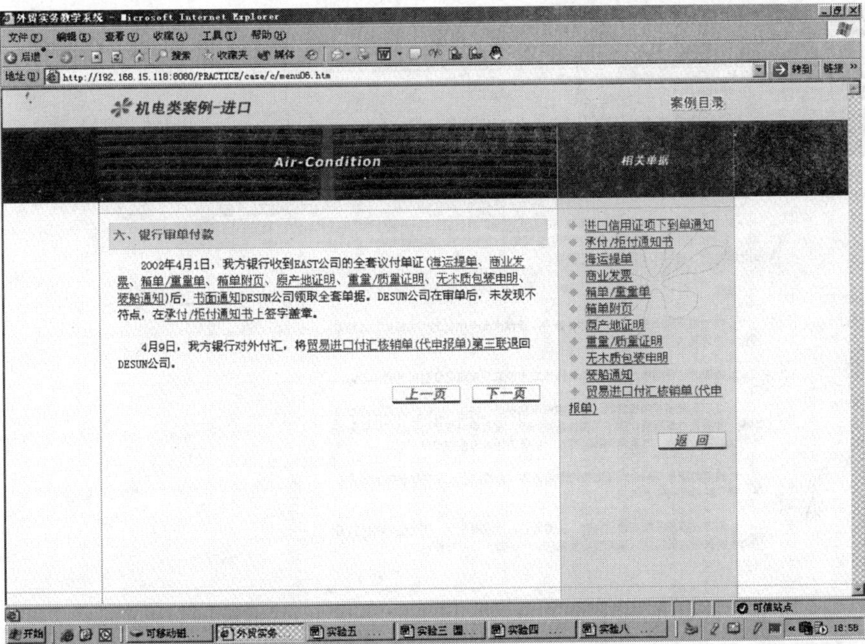
外贸实务教学系统 - Microsoft Internet Explorer
http://192.168.15.118:8080/PRACTICE/case/c/menu06.htm
机电类案例-进口
案例目录
Air-Condition
相关单据
六、银行审单付款
2002年4月1日，我方银行收到EAST公司的全套议付单证(海运提单、商业发票、箱单/重量单、箱单附页、原产地证明、重量/质量证明、无木质包装申明、装船通知)后，书面通知DESUN公司领取全套单据。DESUN公司在审单后，未发现不符点，在承付/拒付通知书上签字盖章。
4月9日，我方银行对外付汇，将贸易进口付汇核销单(代申报单)第三联退回DESUN公司。
上一页
下一页
进口信用证项下到单通知
承付/拒付通知书
海运提单
商业发票
箱单/重量单
箱单附页
原产地证明
重量/质量证明
无木质包装申明
装船通知
贸易进口付汇核销单(代申报单)
返回

图 3-27

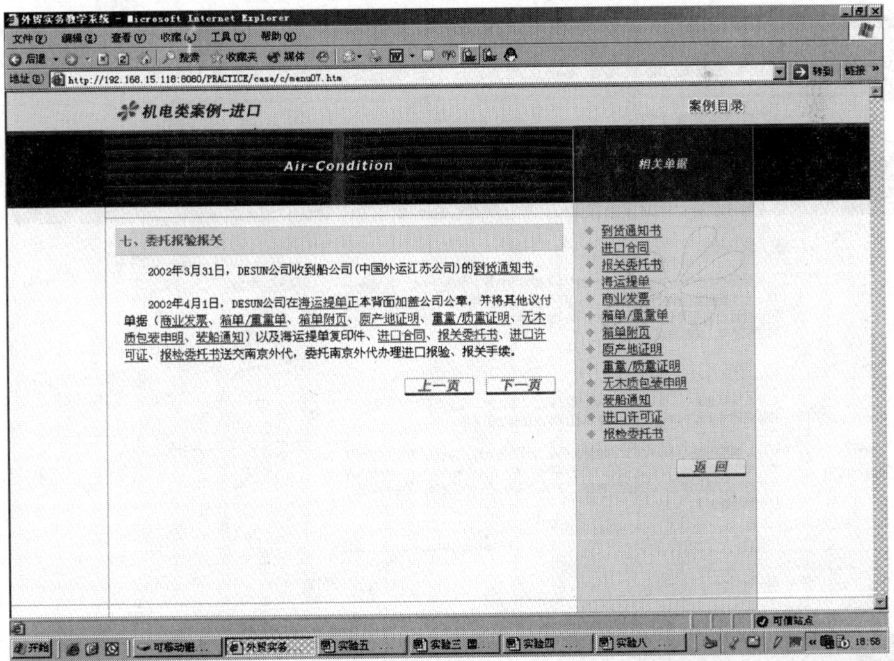
外贸实务教学系统 - Microsoft Internet Explorer
http://192.168.15.118:8080/PRACTICE/case/c/menu07.htm
机电类案例-进口
案例目录
Air-Condition
相关单据
七、委托报验报关
2002年3月31日，DESUN公司收到船公司(中国外运江苏公司)的到货通知书。
2002年4月1日，DESUN公司在海运提单正本背面加盖公司公章，并将其他议付单据(商业发票、箱单/重量单、箱单附页、原产地证明、重量/质量证明、无木质包装申明、装船通知)以及海运提单复印件、进口合同、报关委托书、进口许可证、报检委托书送交南京外代，委托南京外代办理进口报验、报关手续。
上一页
下一页
到货通知书
进口合同
报关委托书
海运提单
商业发票
箱单/重量单
箱单附页
原产地证明
重量/质量证明
无木质包装申明
装船通知
进口许可证
报检委托书
返回

图 3-28

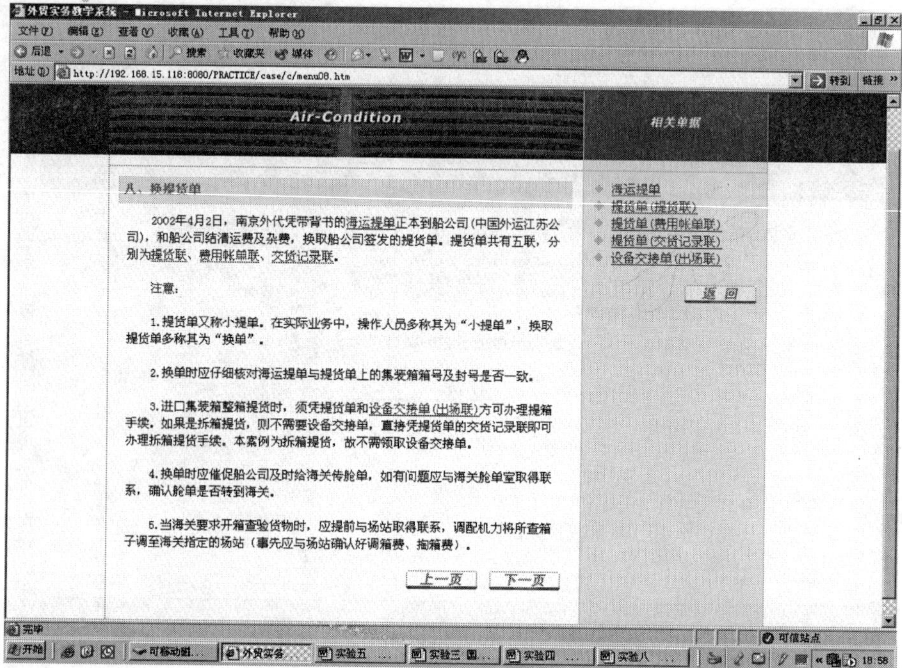

外贸实务教学系统 - Microsoft Internet Explorer
http://192.168.15.118:8080/PRACTICE/case/c/menu08.htm
Air-Condition
相关单据
八、换提货单
2002年4月2日，南京外代凭带背书的海运提单正本到船公司（中国外运江苏公司），和船公司结清运费及杂费，换取船公司签发的提货单。提货单共有五联，分别为提货联、费用帐单联、交货记录联。
注意：
1.提货单又称小提单。在实际业务中，操作人员多称其为“小提单”，换取提货单多称其为“换单”。
2.换单时应仔细核对海运提单与提货单上的集装箱箱号及封号是否一致。
3.进口集装箱整箱提货时，须凭提货单和设备交接单(出场联)方可办理提箱手续。如果是拆箱提货，则不需要设备交接单，直接凭提货单的交货记录联即可办理拆箱提货手续。本案例为拆箱提货，故不需领取设备交接单。
4.换单时应催促船公司及时给海关传舱单，如有问题应与海关舱单室取得联系，确认舱单是否转到海关。
5.当海关要求开箱查验货物时，应提前与场站取得联系，调配机力将所查箱子调至海关指定的场站（事先应与场站确认好调箱费、掏箱费）。
上一页
下一页
海运提单
提货单(提货联)
提货单(费用帐单联)
提货单(交货记录联)
设备交接单(出场联)
返 回

图 3-29

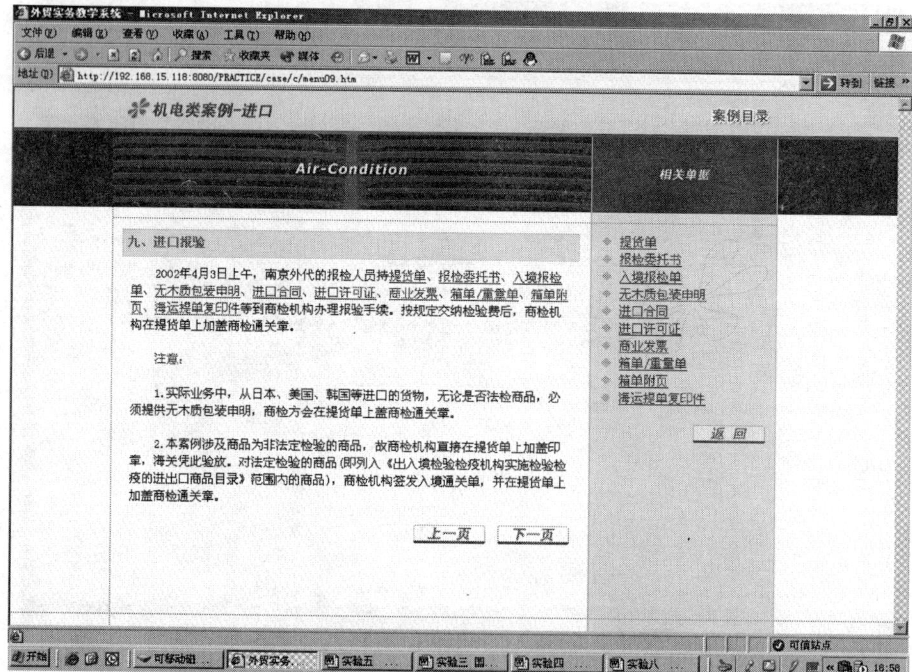

外贸实务教学系统 - Microsoft Internet Explorer
http://192.168.15.118:8080/PRACTICE/case/c/menu09.htm
机电类案例-进口
案例目录
Air-Condition
相关单据
九、进口报验
2002年4月3日上午，南京外代的报检人员持提货单、报检委托书、入境报检单、无木质包装申明、进口合同、进口许可证、商业发票、箱单/重量单、箱单附页、海运提单复印件等到商检机构办理报验手续。按规定交纳检验费后，商检机构在提货单上加盖商检通关章。
注意：
1.实际业务中，从日本、美国、韩国等进口的货物，无论是否法检商品，必须提供无木质包装申明，商检方会在提货单上盖商检通关章。
2.本案例涉及商品为非法定检验的商品，故商检机构直接在提货单上加盖印章，海关凭此验放。对法定检验的商品（即列入《出入境检验检疫机构实施检验检疫的进出口商品目录》范围内的商品），商检机构签发入境通关单，并在提货单上加盖商检通关章。
上一页
下一页
提货单
报检委托书
入境报检单
无木质包装申明
进口合同
进口许可证
商业发票
箱单/重量单
箱单附页
海运提单复印件
返 回

图 3-30

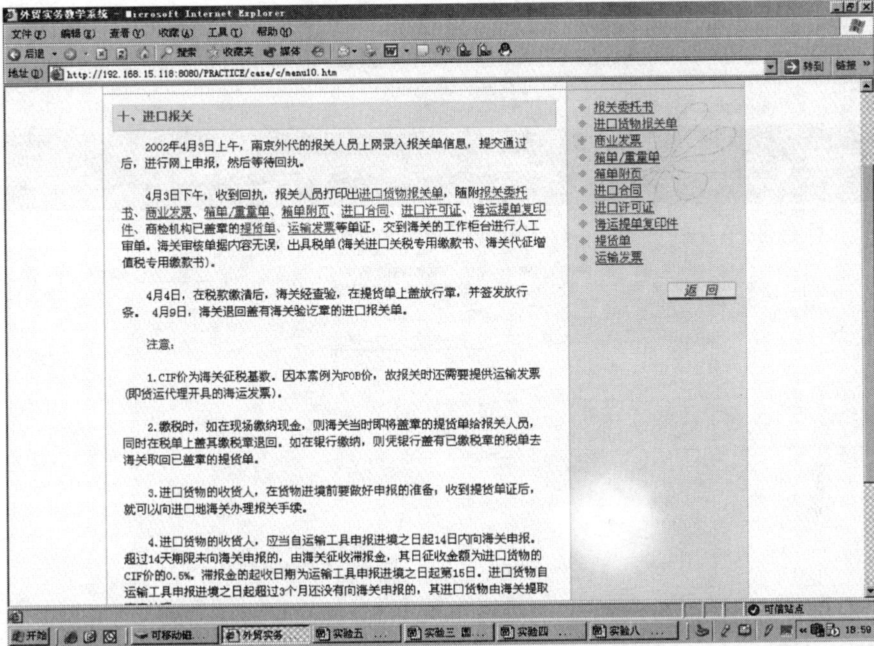
外贸实务教学系统 - Microsoft Internet Explorer
http://192.168.15.118:8080/PRACTICE/case/c/menu10.htm
十、进口报关
2002年4月3日上午，南京外代的报关人员上网录入报关单信息，提交通过后，进行网上申报，然后等待回执。
4月3日下午，收到回执，报关人员打印出进口货物报关单，随附报关委托书、商业发票、箱单/重量单、箱单附页、进口合同、进口许可证、海运提单复印件、商检机构已盖章的提货单、运输发票等单证，交到海关的工作柜台进行人工审单。海关审核单据内容无误，出具税单(海关进口关税专用缴款书、海关代征增值税专用缴款书)。
4月4日，在税款缴清后，海关经查验，在提货单上盖放行章，并签发放行条。 4月9日，海关退回盖有海关验讫章的进口报关单。
注意：
1.CIF价为海关征税基数。因本案例为FOB价，故报关时还需要提供运输发票(即货运代理开具的海运发票)。
2.缴税时，如在现场缴纳现金，则海关当时即将盖章的提货单给报关人员，同时在税单上盖其缴税章退回。如在银行缴纳，则凭银行盖有已缴税章的税单去海关取回已盖章的提货单。
3.进口货物的收货人，在货物进境前要做好申报的准备，收到提货单证后，就可以向进口地海关办理报关手续。
4.进口货物的收货人，应当自运输工具申报进境之日起14日内向海关申报。超过14天期限未向海关申报的，由海关征收滞报金，其日征收金额为进口货物的CIF价的0.5%。滞报金的起收日期为运输工具申报进境之日起第15日。进口货物自运输工具申报进境之日起超过3个月还没有向海关申报的，其进口货物由海关提取
报关委托书
进口货物报关单
商业发票
箱单/重量单
箱单附页
进口合同
进口许可证
海运提单复印件
提货单
运输发票
返回

图 3-31

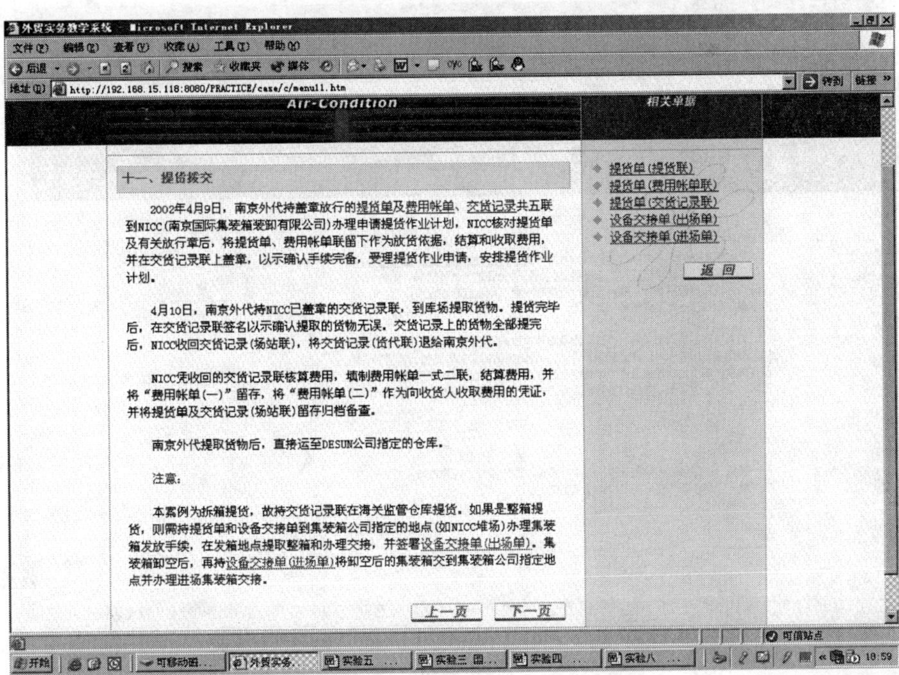
外贸实务教学系统 - Microsoft Internet Explorer
http://192.168.15.118:8080/PRACTICE/case/c/menu11.htm
Air-Condition
相关单据
十一、提货提交
2002年4月9日，南京外代持盖章放行的提货单及费用帐单、交货记录共五联到NICC(南京国际集装箱装卸有限公司)办理申请提货作业计划，NICC核对提货单及有关放行章后，将提货单、费用帐单联留下作为放货依据，结算和收取费用，并在交货记录联上盖章，以示确认手续完备，受理提货作业申请，安排提货作业计划。
4月10日，南京外代持NICC已盖章的交货记录联，到库场提取货物。提货完毕后，在交货记录联签名以示确认提取的货物无误。交货记录上的货物全部提完后，NICC收回交货记录(场站联)，将交货记录(货代联)退给南京外代。
NICC凭收回的交货记录联核算费用，填制费用帐单一式二联，结算费用，并将“费用帐单(一)”留存，将“费用帐单(二)”作为向收货人收取费用的凭证，并将提货单及交货记录(场站联)留存归档备查。
南京外代提取货物后，直接运至DESUN公司指定的仓库。
注意：
本案例为拆箱提货，故持交货记录联在海关监管仓库提货。如果是整箱提货，则需持提货单和设备交接单到集装箱公司指定的地点(如NICC堆场)办理集装箱发放手续，在发箱地点提取整箱和办理交接，并签署设备交接单(出场单)。集装箱卸空后，再持设备交接单(进场单)将卸空后的集装箱交到集装箱公司指定地点并办理进场集装箱交接。
上一页
下一页
提货单(提货联)
提货单(费用帐单联)
提货单(交货记录联)
设备交接单(出场单)
设备交接单(进场单)
返回

图 3-32

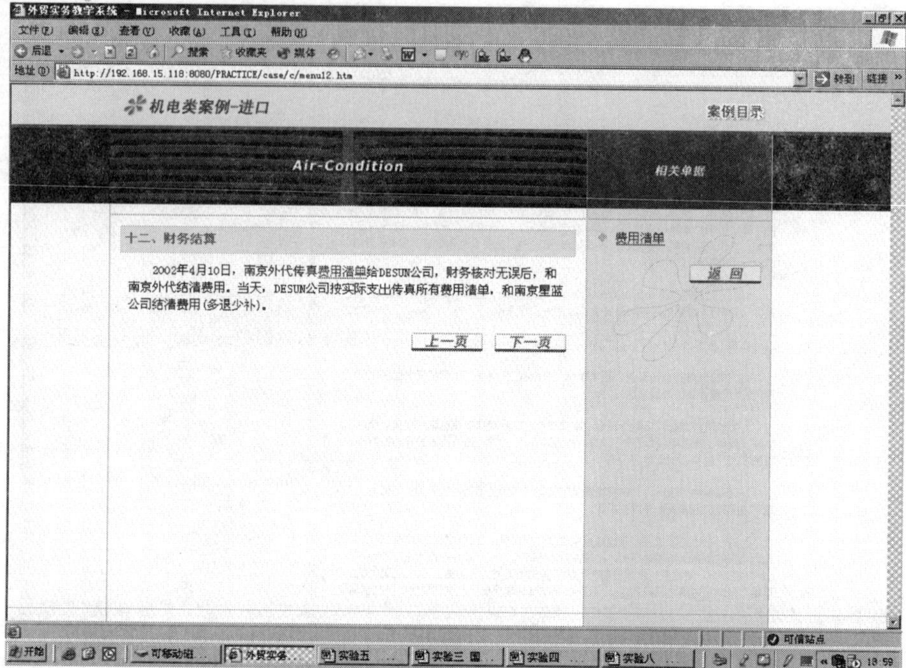
机电类案例-进口
案例目录
Air-Condition
相关单据
十二、财务结算
2002年4月10日，南京外代传真费用清单给DESUN公司，财务核对无误后，和南京外代结清费用。当天，DESUN公司按实际支出传真所有费用清单，和南京星蓝公司结清费用(多退少补)。
上一页
下一页
费用清单
返 回

图 3-33

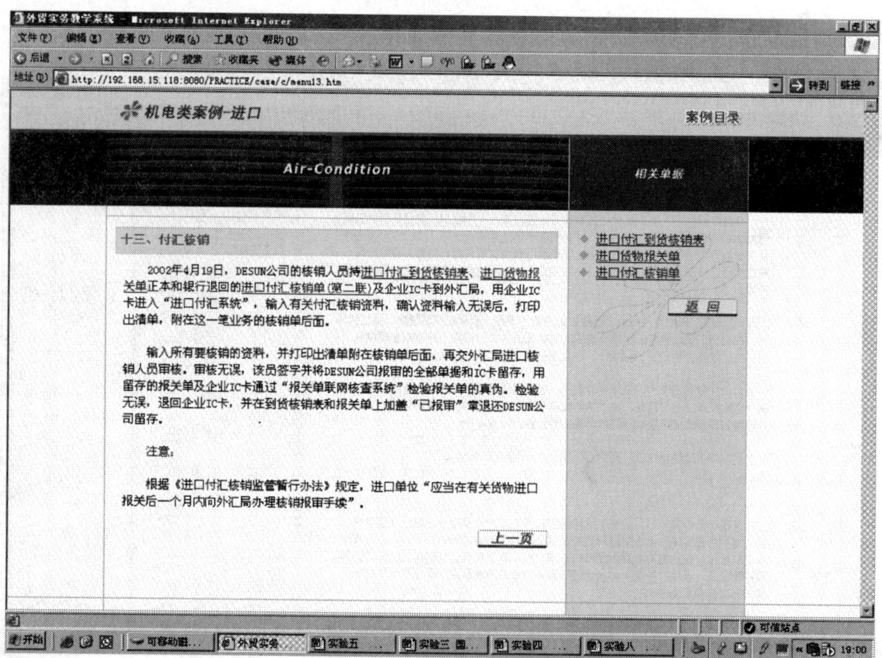
机电类案例-进口
案例目录
Air-Condition
相关单据
十三、付汇核销
2002年4月19日，DESUN公司的核销人员持进口付汇到货核销表、进口货物报关单正本和银行退回的进口付汇核销单(第二联)及企业IC卡到外汇局，用企业IC卡进入"进口付汇系统"，输入有关付汇核销资料，确认资料输入无误后，打印出清单，附在这一笔业务的核销单后面。
输入所有要核销的资料，并打印出清单附在核销单后面，再交外汇局进口核销人员审核。审核无误，该员签字并将DESUN公司报审的全部单据和IC卡留存，用留存的报关单及企业IC卡通过"报关单联网核查系统"检验报关单的真伪。检验无误，退回企业IC卡，并在到货核销表和报关单上加盖"已报审"章退还DESUN公司留存。
注意:
根据《进口付汇核销监管暂行办法》规定，进口单位"应当在有关货物进口报关后一个月内向外汇局办理核销报审手续"。
上一页
进口付汇到货核销表
进口货物报关单
进口付汇核销单
返 回

图 3-34

3.5　实验报告填写要求

根据实验目的和实验内容，认真做好实验记录，实验步骤和结果应根据实验的实际操作过程进行填写，实验心得与体会应具体。

3.6　实验总结

结合本次实验，总结进口贸易与出口贸易在实务操作中的不同，以及在这两类国际贸易过程中不同业务部门的主要职能，对进出口实务流程建立起比较完整的印象，并认真写出实验报告。

第 4 章

实验二　外贸交易的准备工作

4.1　实验目的

熟悉各角色的基本页面和操作方法，掌握广告宣传与市场调查的基本方法。

4.2　实验准备

（1）了解出口商、进口商、工厂、出口地银行和进口地银行等不同角色的基本活动范围、交易目的和利润来源。

（2）了解进出口交易前的准备工作，包括对国际市场的调查研究，对交易对象的资信情况、商业信用以及注册商标等方面的调查，成本核算，进出口国的对外贸易政策等。

（3）了解业务广告的基本作用，掌握不同类型公司发布广告的基本技巧。

（4）具有一定的文字录入能力。

4.3　实验内容

（1）了解 SimTrade 的基本用法。

（2）以每个角色登录并注册公司（银行）名称，在“基本资料”中输入必要的信息。

（3）选择目标产品与交易对象，做好市场调查。

（4）发布广告及供求信息。

4.4　实验步骤

根据教师设定的实验目标和分配的角色，学生可登录并注册公司名称，在“基本资料”中输入必要的数据以备用。下面以出口商为例，说明外贸交易的准备工

作如何进行。其他角色依次类推，可参照进行。

4.4.1　出口商

1. 学生以出口商角色登录

在外贸实习平台的登录界面输入自己的用户名（如 xyz）和密码，在“用户类型”下拉框中选择“出口商”（如图 4-1 所示），点击“登录系统”按钮，进入出口商业务主页面（如图 4-2 所示）。

图 4-1

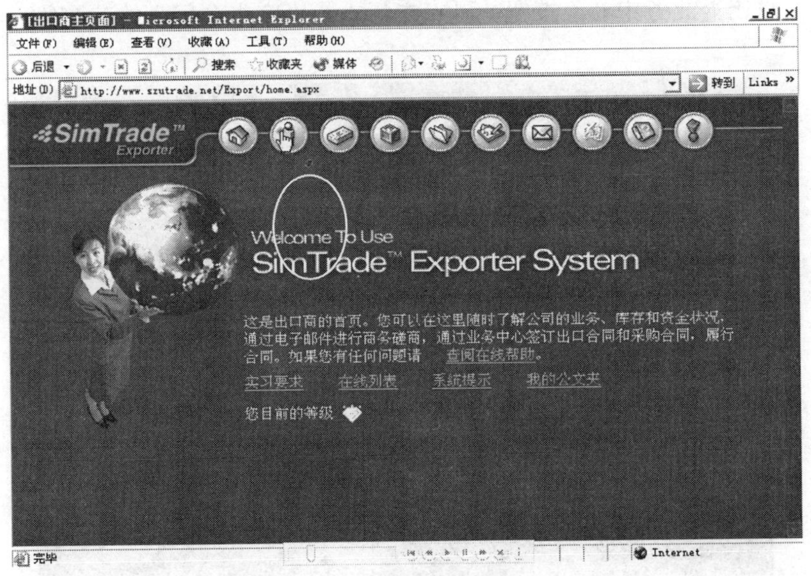

图 4-2

2. 创建公司

（1）点击上方的“资料”按钮，查看公司注册资金、账号、单位代码、邮件地址等资料，其他逐项填写（可自由添加图片），如图 4-3 所示。

图 4-3

（2）填写完毕后，点击“确定”按钮。

3．发布公司广告

（1）点击“业务中心”按钮，再点击标志为“广告公司”的建筑物，如图 4-4 所示。

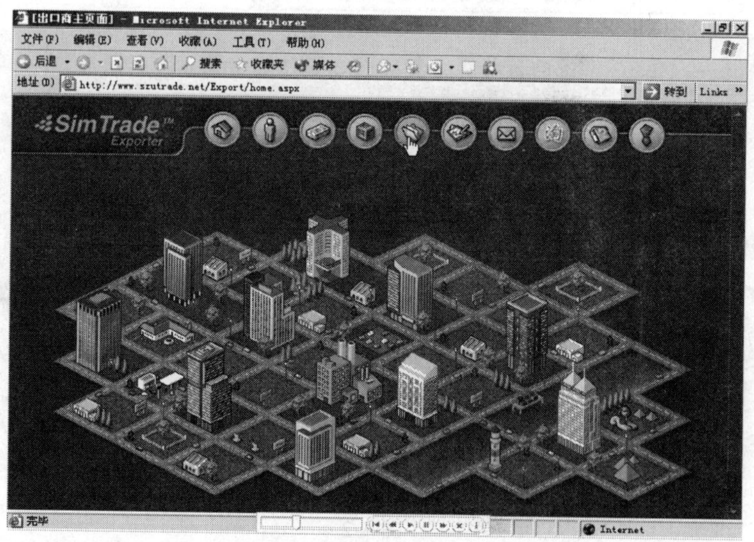

图 4-4

在弹出的页面中点击“发布广告”，如图 4-5 所示，逐项填写信息。

标题：我公司经营罐头食品

关键字：罐头

选择发布类型：选择“公司广告”

内容：我公司长期经营罐头食品，信誉卓著，欢迎来函来电洽谈！email:dst021@simtrade

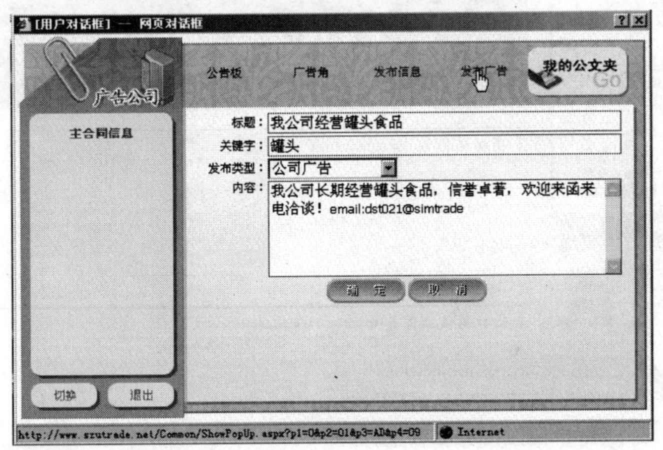

图 4-5

（2）填写完毕后，点击“确定”按钮，即成功发布公司广告。

注：自己的电子邮件地址可在公司基本资料页面中查到。

4．寻找商机

点击“淘金网”按钮（如图 4-6 所示），进入查询页面（如图 4-7 所示），在首页上查看通知以及各类市场信息与供求信息。

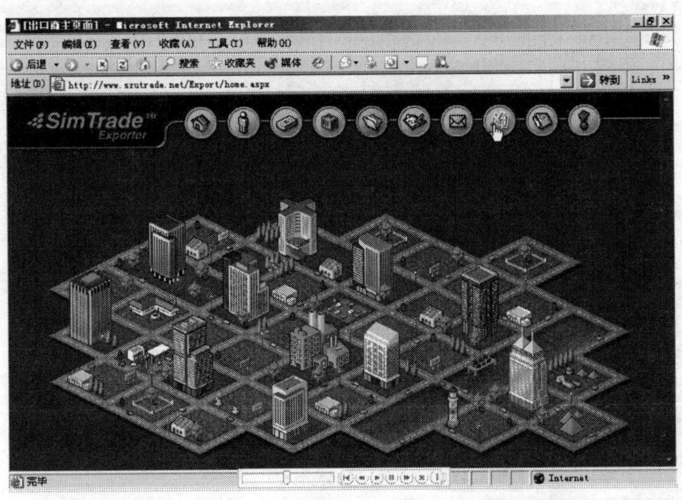

图 4-6

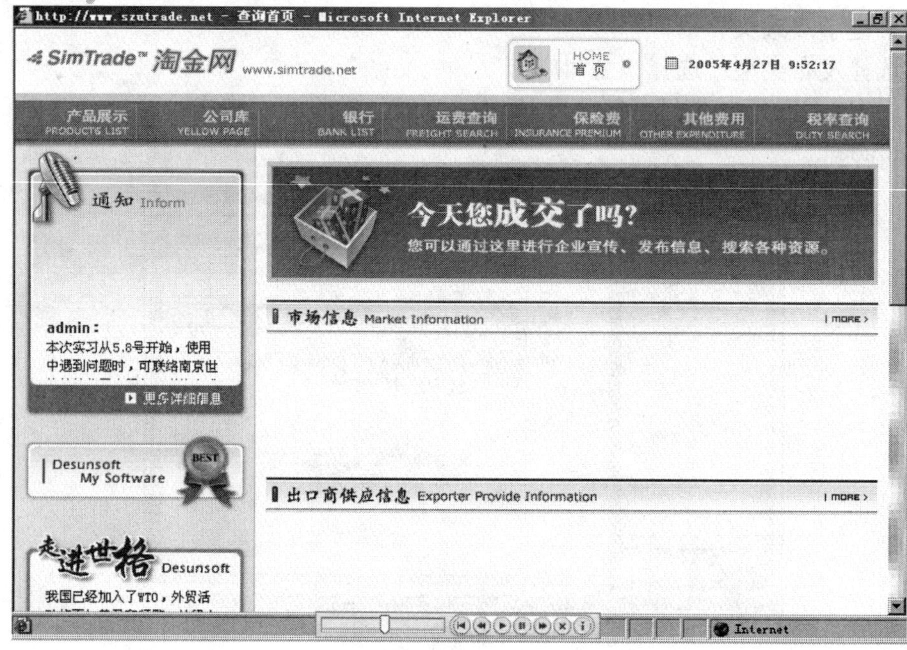

图 4-7

5. 查看交易商品

（1）点击"产品展示"按钮，可看到所有产品的资料，如图 4-8 所示。

图 4-8

（2）输入关键词“甜玉米罐头”，点击“搜索”按钮，找到对应的产品，如图 4-9 所示。

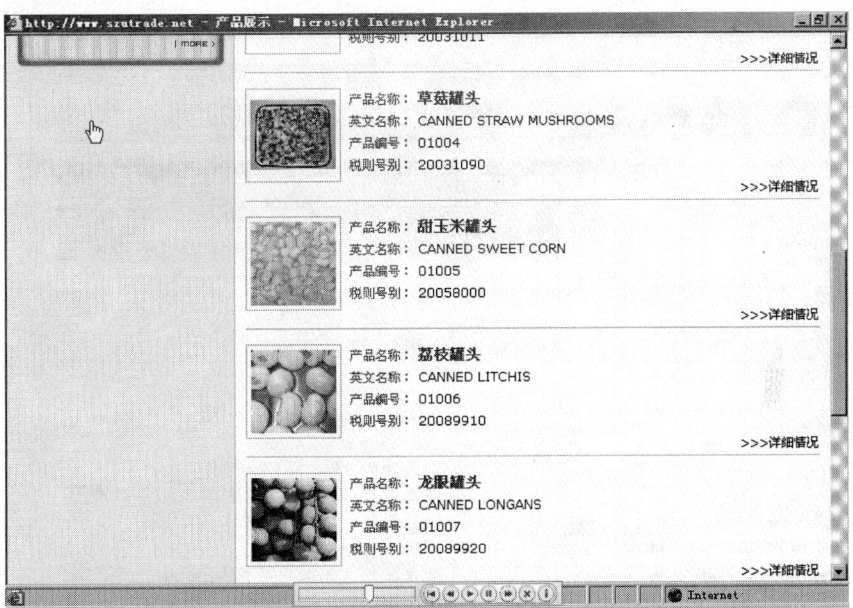

图 4-9

（3）点击“详细情况”按钮，查看商品基本资料，如图 4-10 所示。

图 4-10

6．查看交易对象

（1）点击“公司库”按钮，可看到所有公司的资料，如图4-11所示。

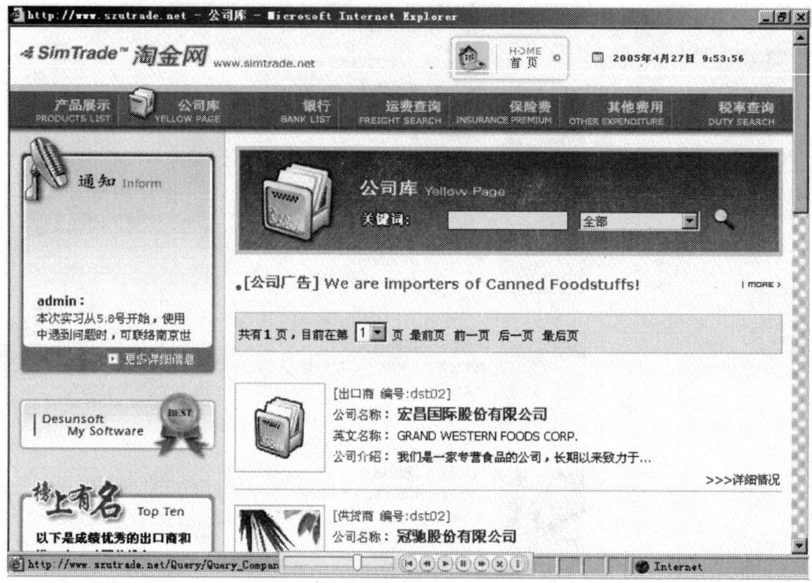

图4-11

（2）输入关键词“Carters”，选择类别为“进口商”，点击“搜索”按钮，找到对应的公司，如图4-12所示。

图4-12

（3）点击“详细情况”按钮，查看 Carters Trading Company, LLC 公司的具体信息，如图 4-13 所示。

图 4-13

7．发布国内采购信息

（1）退出“淘金网”，返回到“业务中心”界面；点击“银行”按钮，选择信誉良好的银行作为出口地银行，如图 4-14 所示；点击“详细情况”链接，查看出口地银行信息，如图 4-15 所示。

图 4-14

详细情况 - Microsoft Internet Explorer

地址(D) http://www.szutrade.net/Query/Info.aspx?uid=dst021&type=1&cls=B&no=dst024

SimTrade™ 淘金网 www.simtrade.net　　2005年4月27日 9:55:06

出口地银行讯息 Negotiating Bank Information

用户编号：dst02　　注册资金：USD 1,000,000.00
银行全称(中)：南京商业银行　　银行简称(中)：商业银行
银行全称(英)：Nanjing Commercial Bank　　银行简称(英)：Commercial Bank
电话：86-25-27293344　　传真：86-25-2720333　　邮政编码：210014
电子邮件：dst024@simtrade　　网址：http://www.firstbank.com
银行地址(中)：南京市逸仙路32巷19号
银行地址(英)：No.19 Lane 32 I Sen Rd, Nanjing 210014, P.R.China
银行介绍：我行长年办理国际国内资金借贷与投资等业务，拥有良好信誉与业务能力，欢迎前来我行洽谈业务！

[关闭窗口]

图 4-15

通过淘金网上的市场调查，确定交易产品与交易对象后，返回到“业务中心”页面。

（2）在“业务中心”界面里点击“广告公司”链接，如图 4-16 所示。

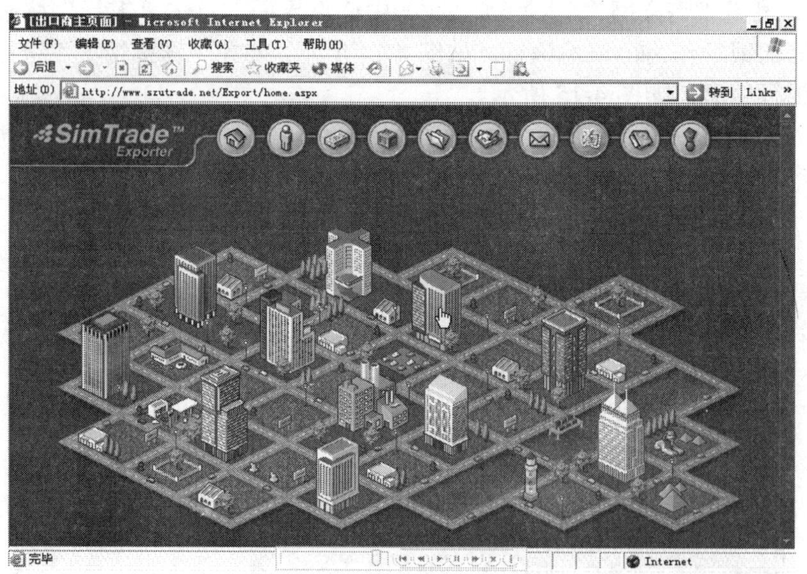

图 4-16

（3）点击“发布信息”按钮（如图 4-17 所示），逐项填写如下信息。

标题：急购大量甜玉米罐头

关键字：甜玉米罐头

发布类型：选择“需求信息”

内容：我公司因客户需要，急购大量甜玉米罐头，有意者请与我公司联系！email: dst021@simtrade

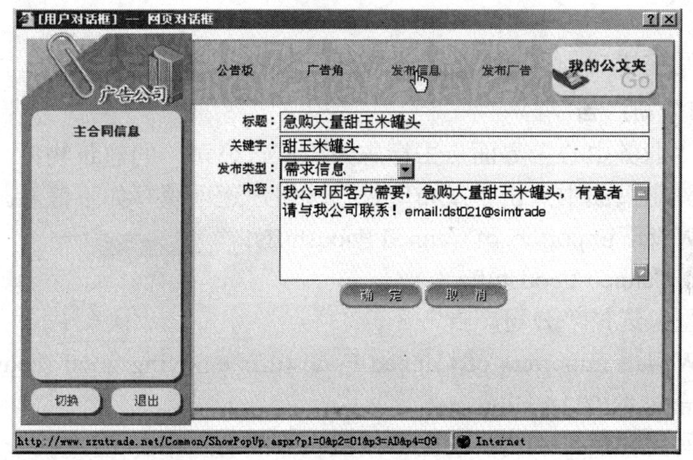

图 4-17

（4）填写完毕后，点击“确定”按钮，即成功发布信息。

8. 退出登录

点击画面上方最后一个按钮，退出登录。

4.4.2　进口商

1. 学生以进口商角色登录

在登录画面中输入用户名（如 xyz），在“用户类型”下拉框中选择“进口商”，点击“登录系统”按钮，进入“进口商业务”主页面。

2. 创建公司

（1）点击“资料”按钮，可查看公司注册资金、账号、所属国家、单位代码、邮件地址等资料，其他逐项填写（还可自由添加图片）。

公司全称：Carters Trading Company, LLC

公司简称：Carters

企业法人：Carter

电话：0016137893503

传真：0016137895107

网址：http://www.carter.com

公司地址（注意应根据所属国家来填写）：P.O.Box8935, New Terminal, Lata. Vista, Ottawa, Canada

公司介绍：We are importers in all items enjoying good reputation!

注意事项：最好使用 GIF 或 JPG 格式的图片，尺寸建议在 120×120（像素）左右。

（2）填写完毕后，点击“确定”按钮。

3．发布公司广告

（1）在“业务中心”界面点击标志为“广告公司”的建筑物；

（2）在弹出页面中点击“发布广告”按钮，逐项填写如下信息。

标题：We are importers of Canned Foodstuffs!

关键字：Canned Foodstuffs

发布类型：选择“公司广告”

内容：We are importers of Canned Foodstuffs enjoying good reputation, please contact us! email: dst022@simtrade

（3）填写完毕后，点击“确定”按钮，即成功发布公司广告。

注：自己的电子邮件地址可在公司基本资料页面中查到。

4．寻找商机

（1）点击“淘金网”，进入查询页面，在首页上可查看通知以及各类市场信息与供求信息。

（2）点击上面的“产品展示”按钮，可看到所有产品信息，从中选择一种或多种商品进行交易（本例中选择商品 01005 甜玉米罐头）。

（3）点击“公司库”按钮，可看到所有公司信息，从中选择合适的公司作为交易对象。

5．发布信息

（1）选定商品后，回到“业务中心”画面，点击“发布广告”按钮左边的“发布信息”按钮，逐项填写如下信息。

标题：We are looking forward to buy CANNED SWEET CORN

关键字：CANNED SWEET CORN

发布类型：选择“需求信息”

内容：We are looking forward to buy CANNED SWEET CORN, please contact us! email: dst022@simtrade

（2）填写完毕后，点击“确定”按钮，即成功发布信息。

6. 退出登录

点击页面上方最后一个按钮，即退出登录。

4.4.3 工厂

1. 学生以工厂角色登录

输入账号（如xyz），在“用户类型”下拉框中选择“工厂”，点击“登录系统”按钮，进入工厂业务主页面。

2. 创建公司

（1）点击“资料”按钮，可查看公司账号、邮件地址等资料，其他逐项填写（可自由添加图片）。

公司全称：冠驰股份有限公司

公司简称：冠驰

企业法人：张驰

电话：86-25-29072727

传真：86-25-29072626

邮政编码：210016

网址：http://www.guch.com

公司地址：南京市中正路 651 号 3 楼

公司介绍：我公司为信誉卓著的厂商，产品深受客户喜爱，欢迎与我公司洽谈业务，我们会竭力提供您所需！

注意事项：最好使用 GIF 或 JPG 格式的图片，尺寸建议在 120×120（像素）左右。

（2）填写完毕后，点击“确定”按钮。

3. 寻找商机

点击“淘金网”按钮，进入查询页面，在首页上可查看通知以及各类市场信息与供求信息，其中在出口商发布信息中可找到宏昌国际股份有限公司发布的求购甜玉米罐头的信息。

4. 查看交易对象

（1）点击“公司库”。

（2）输入关键词“宏昌”，选择类别为“出口商”，点击“搜索”按钮，找到对应的公司。

（3）点击“详细情况”按钮，查看公司具体资料。

5．查看交易商品

（1）点击“产品展示”按钮。

（2）输入关键词“甜玉米罐头”，点击“搜索”按钮，找到对应的产品。

（3）点击“详细情况”按钮，查看商品具体资料。

6．查看生产成本

（1）退出“淘金网”，返回到工厂业务主页面。

（2）点击“业务中心”里标志为“市场”的建筑物。

（3）点击“查看市场”按钮，可看到01005甜玉米罐头的生产价格。

7．发布信息

（1）点击标志为“广告公司”的建筑物。

（2）点击“发布信息”按钮，逐项填写如下信息。

标题：大量罐头食品出售

关键字：罐头

发布类型：选择“供应信息”

内容：我公司现有大量罐头食品存货，欲低价出售，欢迎来函来电洽谈！email:xyz3@simtrade

（3）填写完毕后，点击“确定”按钮，即成功发布信息。

8．发布产品广告与公司广告

（1）点击“发布广告”按钮，逐项填写如下信息。

标题：供应甜玉米罐头，优质低价！

关键字：甜玉米罐头

发布类型：选择“产品广告”，在产品编号下拉框中选择01005

内容：我公司现供应甜玉米罐头，优质低价，欢迎前来参观订购！email:xyz3@simtrade

（2）填写完毕后，点击“确定”按钮，成功发布产品广告。

（3）接下来再发布公司广告，逐项填写如下信息。

标题：长年供应各类商品，优质低价！

关键字：各类商品

发布类型：选择“公司广告”

内容：我公司长年供应各类商品，包括罐头食品、服装、钟表、玩具等，优质低价，欢迎前来参观订购！email:xyz3@simtrade

（4）填写完毕后，点击“确定”按钮，即成功发布公司广告。

9．退出登录

点击页面上方最后一个按钮，即退出登录。

4.4.4　出口地银行

1．学生以出口地银行角色登录

输入账号（如 xyz），在“用户类型”下拉框中选择“出口地银行”，点击“登录系统”按钮，进入出口地银行业务主页面。

2．创建银行

（1）点击“资料”，逐项填写如下信息。

银行全称（中文）：南京商业银行

银行全称（英文）：Nanjing Commercial Bank

银行简称（中文）：商业银行

银行简称（英文）：Commercial Bank

电话：86-25-27293344

传真：86-25-27203335

邮政编码：210014

网址：http://www.firstbank.com

银行地址（中文）：南京市逸仙路 32 巷 19 号

银行地址（英文）：No.19 Lane 32 I Sen Rd, Nanjing 210014, P.R.China

银行介绍：我行长年办理国际国内资金借贷与投资等业务，拥有良好信誉与业务能力，欢迎前来我行洽谈业务！

（2）填写完毕后，点击“确定”按钮。

3．查询信息

点击“淘金网”按钮，进入查询页面，分别点击上排按钮查看各类信息。

4．退出登录

退出“淘金网”，返回到业务主页面，点击上方最后一个按钮，退出登录。

4.4.5　进口地银行

1．学生以进口地银行角色登录

输入账号（如 xyz），在“用户类型”下拉框中选择“进口地银行”，点“登录系统”，进入进口地银行业务主页面。

2．创建银行

（1）点击“资料”，逐项填写如下信息。

银行全称：THE CHARTERED BANK

银行简称：CHARTERED

电话：0096614659220

传真：0096614659123

网址：http://www.chartered.com

银行地址：P.O.Box99552, Riyadh 22766, KSA

银行介绍：We major in International Loan and Investment!

（2）填写完毕后，点击“确定”按钮。

3．查询信息

点击“淘金网”按钮，进入查询页面，分别点击上排按钮查看各类信息。

4.5 实验报告填写要求

根据实验目的和实验内容，认真做好实验记录，实验步骤和结果应根据实验的实际操作过程进行填写，实验心得与体会应具体。

4.6 实验总结

结合本次实验，总结外贸交易的前期准备工作及其操作过程，掌握外贸准备阶段的实习技巧，并认真写出实验报告。

第5章

实验三　磋商谈判

5.1 实验目的

（1）参与国际贸易买卖合同的磋商，熟悉询盘、发盘、还盘和接受环节的实践过程。

（2）熟悉价格术语的使用，掌握报价核算方法。

5.2 实验准备

（1）了解国际贸易谈判的基本知识，对世界各主要贸易国家的经济环境、社会文化环境、政治法律环境、技术环境以及区域市场情况有基本的了解，尤其是对目标客户的宗教、风俗、习惯等要有初步的认知。

（2）了解国际贸易买卖合同磋商的基本步骤，熟悉贸易磋商各具体环节所要注意的基本问题。

（3）对常用的国际贸易术语的价格构成情况、风险和责任划分情况有较熟练的掌握，并具有结合具体业务情况，按客户的实际要求进行价格核算的能力。

（4）具备一定的商务英语函电写作基础知识和应用能力。

（5）具有较快的打字速度和一定的文字录入能力，以便跟客户进行及时、快速、顺利的沟通与交流。

5.3 实验内容

通过 SimTrade 内置的邮件系统进行交易磋商，要求出口商和进口商之间的往来业务函电必须用英文撰写。

5.4 实验步骤

（1）首先以出口商的身份登录，进入出口商业务主页面，与进口商建立业务关系（注：建立业务关系的邮件可由出口商主动发送，也可由进口商发送）。

1）点击“邮件”按钮，进入邮件系统，如图 5-1 所示。

图 5-1

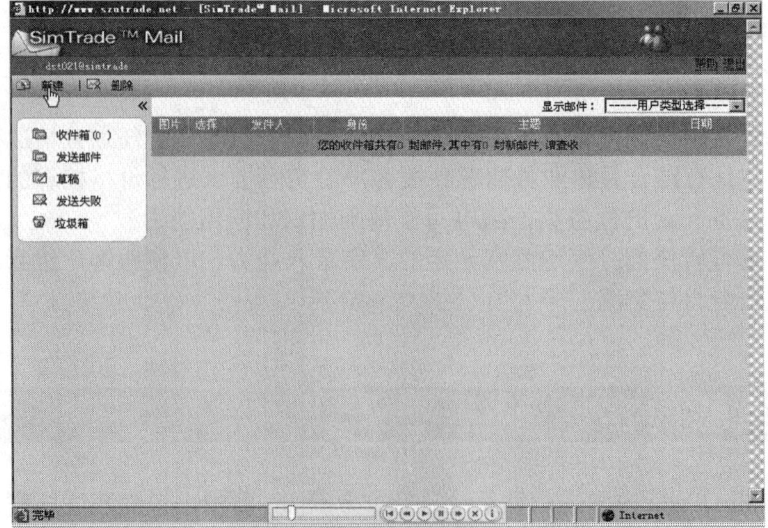

图 5-2

2）点击“新建”按钮（如图 5-2 所示），填写邮件内容如下。

收件人：对应进口商的邮件地址（如 dst022@simtrade）

主题：Introduce

合同号：（此时未建立合同，不需填合同号）

内容栏：

Dear Mr. Carter,

We have known your name and address from the website of www.simtrade.net and noted with pleasure the items of your demand just fall within the scope of our business line. First of all, we avail ourselves of this opportunity to introduce our company in order to be acquainted with you.

Our firm is an exporter of various Canned Foodstuffs. We highly hope to establish business relations with your esteemed company on the basis of mutual benefit in an earlier date. We are sending a catalogue and a pricelist under separate cover for your reference. We will submit our best price to you upon receipt of your concrete inquiry.

We are looking forward to receiving your earlier reply.

Yours faithfully,
Minghua Liu
Grand Western Foods Corp.

输出的图示如图 5-3 所示。

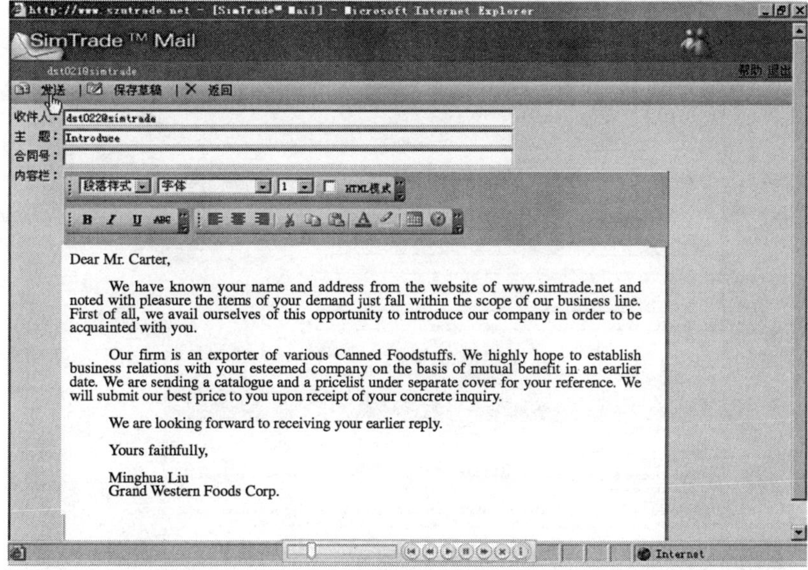

图 5-3

3）填写完毕后，点击“发送”按钮。

（2）对应的进口商登录后，收取出口商希望建立业务关系的邮件，并向对方询盘。

1）点击“邮件”按钮，进入邮件系统，如图 5-4 所示。

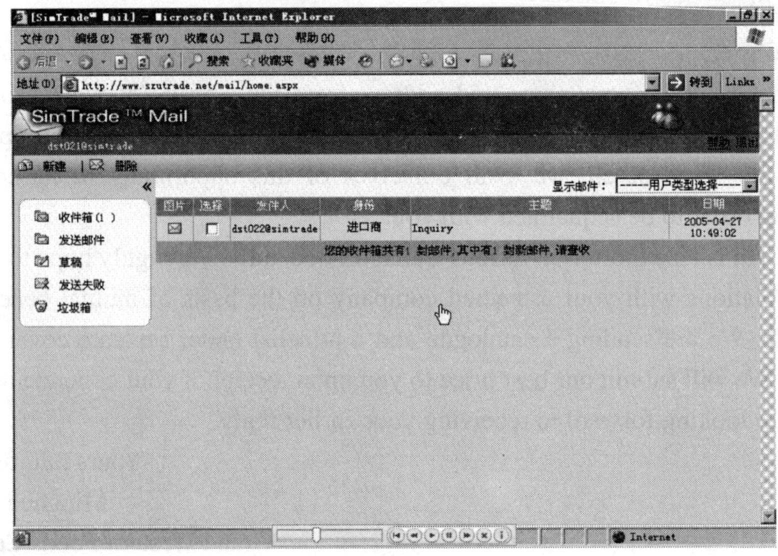

图 5-4

2）点击新邮件的名称，查看邮件内容。

3）点击“回复”按钮，填写内容如图 5-5 所示。

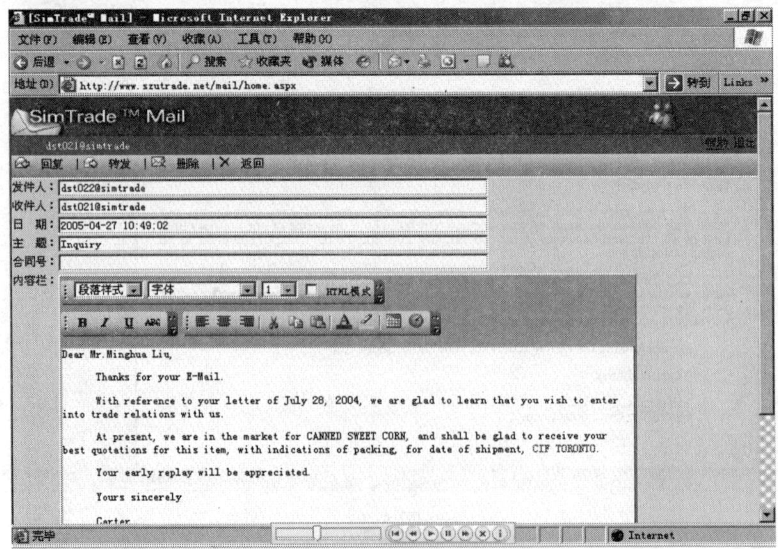

图 5-5

注：在 SimTrade 中，进口商所属的国家与币别是随机分配的，因此，学生在使用时，需首先在公司基本资料中找到自己所属国家，然后到“淘金网”界面上的“运费查询”页面中查询该国家所对应的港口，从中选择一个作为自己的交易港口，并在邮件中告知出口商。

4）填写完毕后，点击“发送”按钮。

（3）出口商登录后，收取进口商询盘的邮件。

1）点击“邮件”按钮，进入邮件系统。

2）点击新邮件的名称或发件人，查看邮件，内容为进口商对甜玉米罐头询价。

（4）出口商发邮件向工厂询价（邮件的具体内容请参考“备货”章）。

（5）工厂核算成本并向出口商报价。

1）查看商品的生产成本（查看方法请参考“外贸交易的准备工作”章）。

2）打开在线帮助中的“工厂的业务费用”，按照其中的说明计算各项支出。

3）根据各项费用与利润确定报价。

4）工厂向出口商报价（邮件的具体内容请参考“备货”章）。

（6）出口商核算成本并向进口商发盘。

1）收取工厂报价的邮件。

2）打开在线帮助中的“出口预算表的填写”页面。

3）进入“淘金网”界面（如图 5-6 所示），分别点击“其他费用”及“保险费”、“运费查询”等按钮，根据在线帮助中的说明逐一计算各项成本。

图 5-6

点击“其他费用”按钮。由于此批合同为CIF合同，所以还应核算运费和保险费，如图5-7所示。

图 5-7

根据目的港名称，查询海运费率。点击“运费查询”按钮进行查询，如图5-8所示。

图 5-8

按照要查询的条件输入相关港口信息。根据航线查询，请选择航线，根据国家查询，请输入国家名称，或根据港口查询，请输入港口名称。如选择“美加”，进入美加航线的港口名称列表，找到 TORONTO，点击“查看”按钮。如图 5-9 所示。

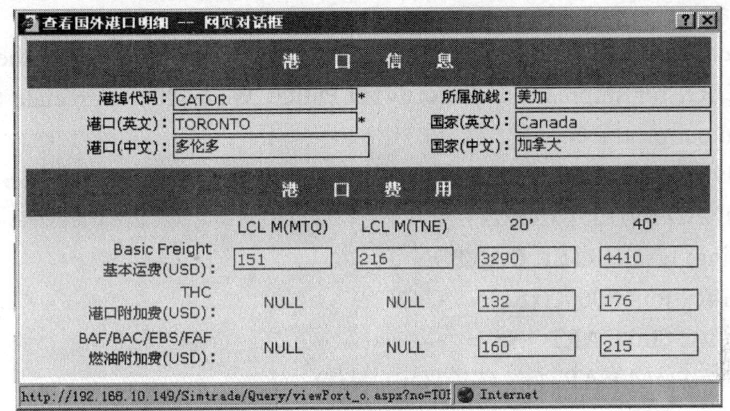

图 5-9

点击“保险费”按钮，根据双方磋商条件查询保险费率，如图 5-10 所示。

图 5-10

4）核算出各项成本与利润后，确定报价。

5）向进口商发盘。打开进口商询盘邮件，点击“回复”按钮，填写邮件内容如下。

收件人：回复状态自动填写

主题：回复状态自动填写，可将其改为“Quotation”

合同号：（此时未建立合同，不需填合同号）

内容栏：

Dear Mr. Carter,

We have received your letter of July 29,2004, asking us to offer the CANNED SWEET CORN for shipment to TORONTO PORT. We highly appreciate that you are interested in our products.

Complyign with your kindly request, we are pleased to offer our best price as follows.

- CANNED SWEET CORN
- Packing: EXPORTER CARTON
- Specification: 3060Gx6TINS/CTN
- Quantity: 800 CARTONS
- Price: USD14/CARTON CIF TORONTO
- Payment: L/C
- Shipment: in August, 2004
- Brand: at your option

Our offer remains effective until August 30, 2004.

Yours faithfully,

Minghua Liu

Grand Western Foods Corp

6）填写完毕后，点击“发送”按钮。

（7）进口商登录后，收取出口商发盘的邮件。双方经多次还盘，最后进口商表示接受对方发盘。填写邮件内容如下。

收件人：回复状态自动填写

主题：回复状态自动填写

合同号：（此时未建立合同，不需填合同号）

内容栏：

Dear Mr. Minghua Liu,

We have received your E-Mail of July 29,2004

After the consideration, we have pleasure in confirming the following offer and accepting it:

1．Commodity: CANNED SWEET CORN

2．Packing: EXPORTER CARTON

3．Specification: 3060Gx6TINS/CTN

4．Quantity: 800CARTONS

5. Price: USD14/CARTON
6. Payment: L/C
7. Shipment: in August, 2004

Please send us a contract and thank you for your cooperation.

Yours sincerely,
Carter
Carters Trading Company, LLC

填写完毕后，点击“发送”按钮。

（8）出口商收取进口商接受发盘的邮件，如图 5-11 所示。

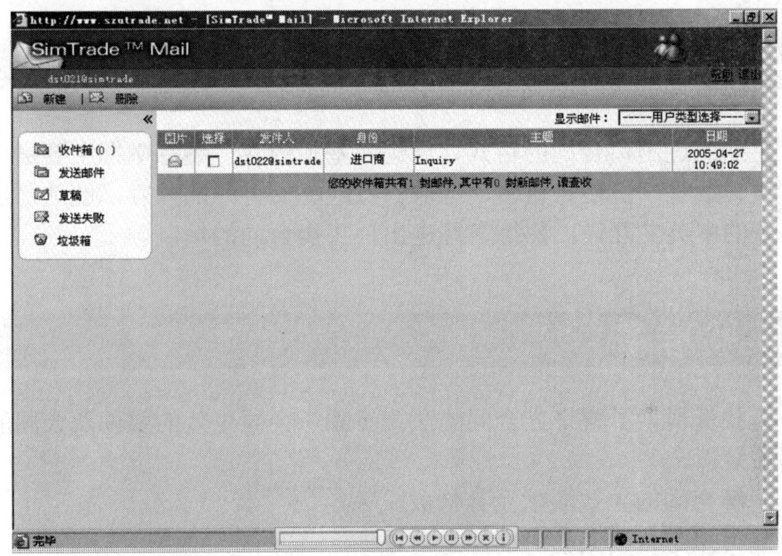

图 5-11

5.5　实验报告填写要求

根据实验目的和实验内容，认真做好实验记录，实验步骤和结果应根据实验的实际操作过程进行填写，实验心得与体会应具体。

5.6　实验总结

结合本次实验，总结国际贸易实务买卖合同的磋商过程，以及在“四个环节”实践过程中的注意事项，并对不同贸易术语条件下国际贸易买卖合同成本核算方法进行总结，认真写出实验报告。

第 6 章

实验四　合同订立与制作

6.1 实验目的

使学生熟悉进出口合同的格式、结构及基本内容，熟练掌握主要进出口合同条款（品质、数量、价格、包装、运输、保险、支付）的内容，能熟练地进行主要合同条款的中英文互译，熟练掌握进出口买卖合同的填制。

6.2 实验准备

（1）查找资料，了解订立合同的法律步骤、合同生效的要件及合同的形式与内容等相关知识。

（2）了解合同的主要条款及其构成。

（3）复习拟定合同条款时的注意事项。

（4）复习合同条款的英文表达。

6.3 实验内容

（1）按照进出口流程完成合同的签订。

（2）填制进出口买卖合同。

6.4 实验步骤

（1）进入外贸实习平台，用户类型选择“出口商”，进入出口商首页，点击出口商首页中的“业务中心”按钮，进入出口商业务中心。

（2）点击出口商业务中心的“进口商建筑物”标志，弹出“出口商与进口商

的对话界面”。

重点说明：以下截图中填制的内容仅仅是示例，可以涉及多个合同。

（3）在出现的界面中点击“起草合同”按钮（如图 6-1 所示），输入合同号（如 contract01），对应的进口商编号（如 dst03），再输入办理相关业务的出口地银行编号（如 dst02），并勾选“设置为主合同”选项（如图 6-2 所示）。

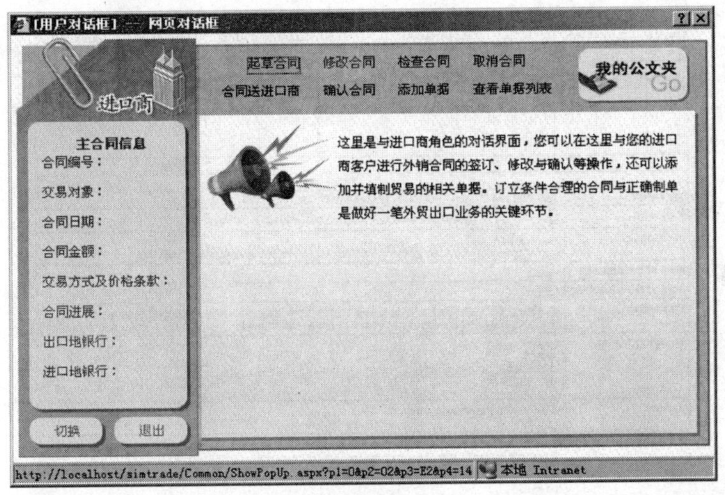

图 6-1

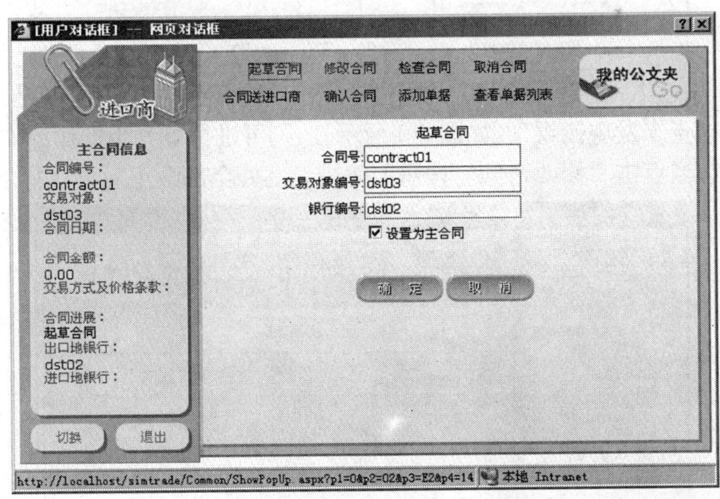

图 6-2

（4）点击“确定”按钮，弹出空白“合同表单”，按照双方约定填写合同相应的条款，并保存（填写说明可点击表头名称蓝色字体处查看，表单样本请参考表 6-1）。

表 6-1

GRAND WESTERN FOODS CORP.

Room2501,Jiafa Mansion, Beijing West road, Nanjing 210005, P.R.China

SALES CONFIRMATION

Messrs:	Carters Trading Company, LLC P.O.Box8935, New Terminal, Lata. Vista, Ottawa, Canada	No.	Contract01
		Date:	2004-08-19

Dear Sirs,

We are pleased to confirm our sale of the following goods on the terms and conditions set forth below:

Choice	Product No.	Description	Quantity	Unit	Unit Price	Amount
					[CIF] [Toronto]	
○	01005	CANNED SWEET CORN 3060Gx6TINS/CTN	800	CARTON	USD14	USD11200
					[添 加][修 改][删 除]	
		Total:	800	CARTON		[USD] [11200]

Say Total:	U.S.DOLLARS ELEVEN THOUSAND TWO HUNDRED ONLY
Payment:	L/C [By 100% irrevocable sight letter of credit in our favor.]
packing:	3060Gx6TINS/CTN Each of the carton should be indicated with Item No., Name of the Table, G.W., and C/No.
Port of Shipment:	Nanjing
Port of Destination:	Toronto
Shipment:	All of the goods will be shipped on or before Sep. 20, 2004 subject to L/C reaching the SELLER by the end of August, 2004. Partial shipments and transhipment are not allowed.
Shipping Mark:	CANNED SWEET CORN CANADA C/NO.1-800 MADE IN CHINA
Quality:	As per sample submitted by seller.
Insurance:	The SELLER shall arrange marine insurance covering ICC(A) plus institute War Risks for 110% of CIF value and provide of claim, if any, payable in Canada, with U.S. currency.
Remarks:	The Buyers are requested to sign and return one copy of this Sales Confirmation immediately after receipt of the same.

BUYERS	SELLERS
Carters Trading Company, LLC	GRAND WESTERN FOODS CORP.
Carter	*Minghua Liu*
(Manager Signature)	(Manager Signature)

（5）填写完成后，返回到业务画面中，点击“检查合同”按钮，如果检查结果是“购销合同检查未发现错误”（如图 6-3 所示），则可进行下一步操作；如果检查结果中有错误，应当点击“修改合同”按钮，将错误之处全部改正后再进行下面的操作。

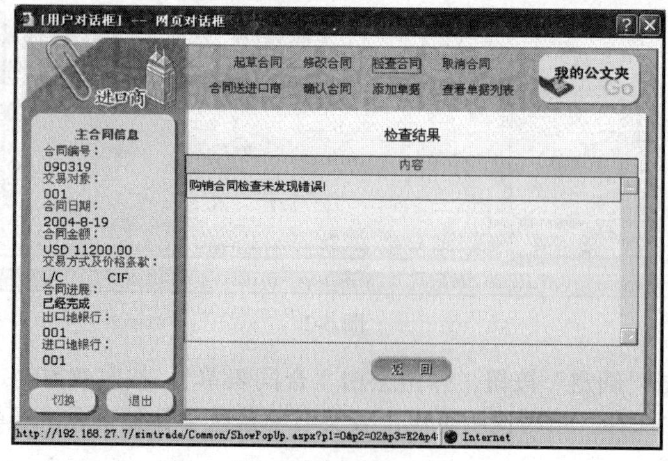

图 6-3

（6）在检查合同正确无误后，要制作“出口预算表”。点击“添加单据”按钮，在出现的界面中选中出口预算表（如图 6-4 所示），添加出口预算表，然后点击“查看单据列表”按钮，如果添加成功，则在“查看单据列表”中会出现出口预算表。

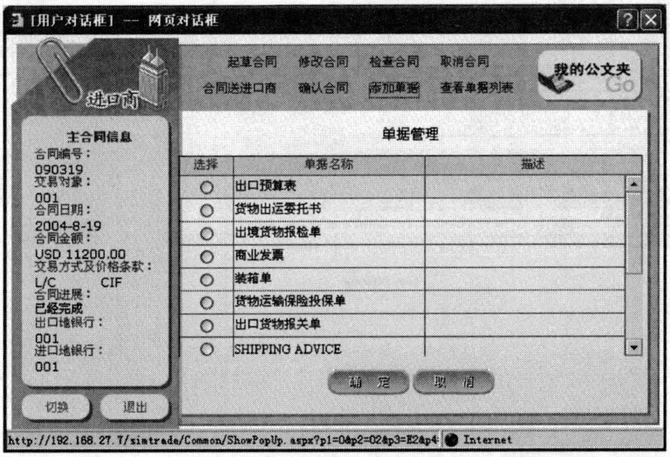

图 6-4

（7）在“查看单据列表”页面中点击出口预算表对应的单据编号（以后添加与填写单据都用此方法），弹出表单，进行填写（计算方法请参照在线帮助中的“出口预算表的填写”，表单样本请参考表 6-2）。

表 6-2

出口预算表

合同号：　Contract01
预算表编号：　STEBG000001　　（注，本预算表填入的位数全部为本位币）

项目	预算金额	实际发生金额
合同金额	92835.68	
采购成本	52000.00	
FOB总价	62246.19	
内陆运费	1235.33	
报检费	200.00	
报关费	200.00	
海运费	29690.84	
保险费	898.65	
核销费	10.00	
银行费用	400	
其他费用	5073.87	
退税收入	7555.56	
利润	10682.55	

（8）出口预算表填写完成后，需将合同送进口商。选中预发送的合同，点击“合同送进口商”按钮，如果出现发送成功界面，则证明合同已发送给进口商，等待进口商确认。

（9）返回实习平台首页，用户类型选择“进口商”，进入进口商首页，在右

下角会出现“邮件提示”的标志，如果首次做实验，进口商会收到出口商要求签订合同的邮件，点击“进入我的邮箱”链接，查看邮件内容，如图 6-5 所示。

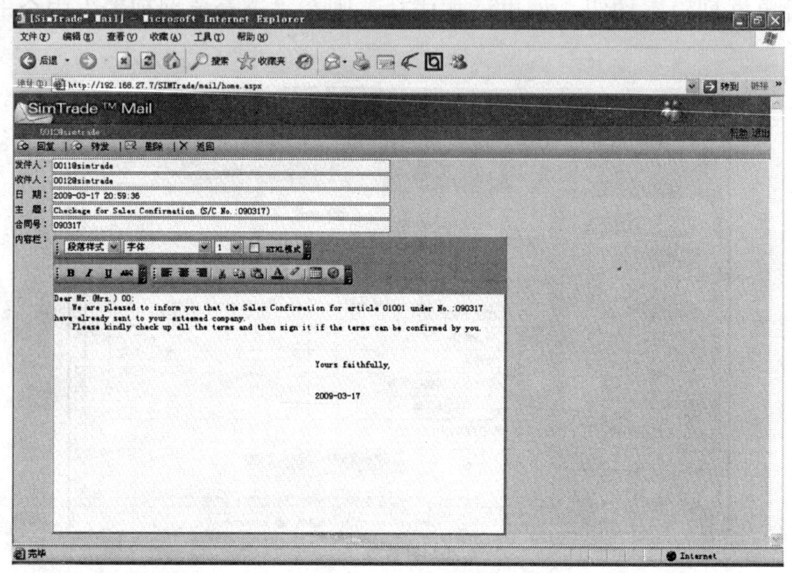

图 6-5

（10）查看完邮件后，点击进口商首页中的“业务中心”按钮，进入进口商的业务中心页面，点击标志为“出口商”的建筑物，进入如图 6-6 所示的界面。

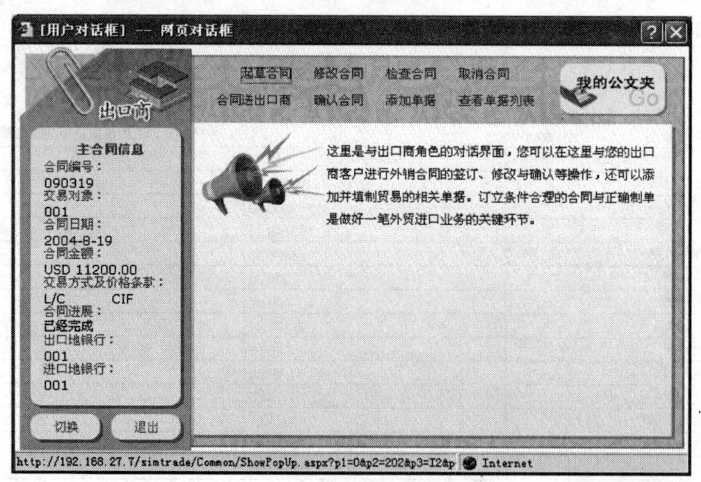

图 6-6

（11）进入以上页面后，不要直接点击确认合同，首先应对合同进行切换，在画面左边点击“切换”按钮，出现“用户主合同管理”，选择该合同，点击“确定”按钮将需要确认的合同设定为主合同，如图 6-7 所示。

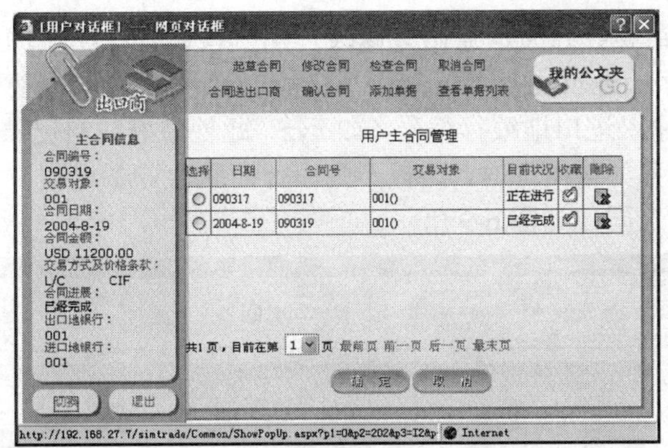

图 6-7

（12）设为主合同后，在“查看单据列表”中点击相应的合同编号，查看合同的具体内容，如图 6-8 所示。需要注意的一点是，在确认合同之前，还要先做进口预算，填写进口预算表。在“查看单据列表”页面中点击进口预算表对应的单据编号，弹出表单，进行填写（计算方法请参照在线帮助中的“进口预算表的填写”，表单样本请参考表 6-3）。

[用户对话框] — 网页对话框

起草合同 修改合同 检查合同 取消合同

合同送出口商 确认合同 添加单据 查看单据列表

我的公文夹

出口商

主合同信息

合同编号：090319

交易对象：001

合同日期：2004-8-19

合同金额：USD 11200.00

交易方式及价格条款：L/C CIF

合同进展：已经完成

出口地银行：001

进口地银行：001

单据列表

选择	日期	编号	名称	收藏	检查	删除
	2009-03-19 14:34:43	090319	销货合同			
	2009-03-19 14:35:55	STIBG000014	进口预算表			
	2009-03-19 14:38:39	STICA000012	贸易进口付汇核销单			
	2009-03-19 14:41:40	STLCA000009	信用证申请书			
	2009-03-19 14:59:30	STLCN000008	信用证			
	2009-03-19 16:22:42	STSAD000013	SHIPPING ADVICE			
	2009-03-19 16:39:56	STINV000013	商业发票			
	2009-03-19 16:39:56	STPLT000012	装箱单			

返 回

切换 退出

http://192.168.27.7/simtrade/Common/ShowPopUp.aspx?p1=0&p2=202&p3=I2&p Internet

图 6-8

表 6-3

进口预算表

合同号：Contract01

预算表编号：STIBG000001　　（注：本预算表填入的位数全部为本位币）

项目	预算金额	实际发生金额
合同金额	11200	
CIF总价	11200	
内陆运费	149.03	
报检费	24.13	
报关费	24.13	
关税	1456	
增值税	1904	
消费税	0	
海运费	0	
保险费	0	
银行费用	55.49	
其他费用	560	

（13）返回到业务界面，点击“修改合同”按钮，在出现的合同左下角，进口商签字并保存。返回主页面，点击“确认合同”按钮，输入合同编号（如contract01），再输入进口地银行编号（如 xyz，此处最好找自己熟悉的银行，以免到需办理相关业务如信用证时，因找不到银行而耽误业务进程），点击“确定”按钮，即成功确认合同，如图 6-9 所示。

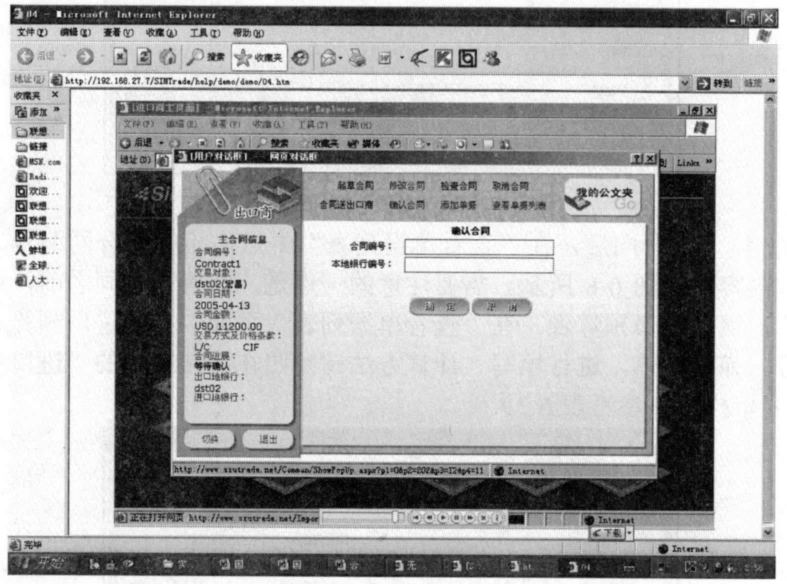

图 6-9

6.5 实验报告填写要求

（1）写明实验日期。

（2）根据实验目的和实验内容，认真做好实验记录，实验步骤和结果应根据实验的实际操作过程进行填写，实验心得与体会应具体。

（3）填写实验报告要字迹工整。

6.6 实验总结

（1）加深对买卖合同相关知识的理解和掌握。

（2）使学生对买卖合同格式有一个直观认识。

（3）提高学生的独立起草合同的能力。

（4）锻炼学生沟通交流、解决问题的能力。

第7章

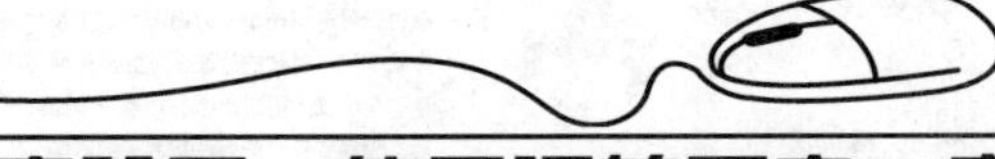

实验五　信用证的开立、审核与修改

7.1　实验目的

通过本实验使学生了解信用证结算方式的特点，熟悉信用证的结构，能熟练地进行主要信用证条款的中英文互译，能根据国际惯例及进口合同正确开立、审核信用证，并提出改证要求。

7.2　实验准备

（1）复习催证函、改证函的写法。

（2）复习信用证的相关知识：信用证的当事人、信用证流程、开证手续、信用证审核的主要内容以及修改信用证应注意的事项等。

（3）查找有关信用证的案例，加深对信用证的认识。

7.3　实验内容

（1）完成开证、审证和改证的操作流程。

（2）根据合同内容填制开证申请书。

（3）根据合同和《UCP600》对信用证进行审核并进行修改。

7.4　实验步骤

（1）签订合同后，进口商在申请开立信用证前，先要领取付汇核销单（在L/C方式下，需在开证前领单；在其他方式下，则在付款前领单）。返回业务中心，点击“进口地银行”按钮，进入以下界面（如图7-1所示），再点击“申领核销单”按钮，即领取“贸易进口付汇核销单”。

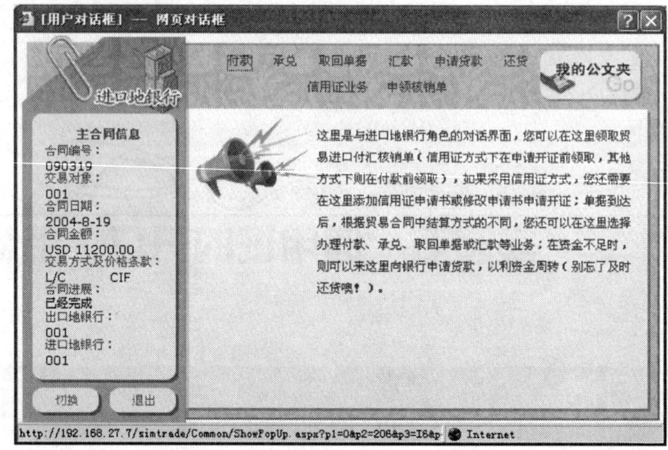

图 7-1

（2）申领完成后，返回“进口商业务中心”页面，点击标志为“出口商”的建筑，在“单据列表”页面中填写“贸易进口付汇核销单”（填写说明可点击表头名称蓝色字体处查看，表单样本请参考表 7-1）。填写完成后点击“保存”按钮，检查无误后方可通过。

单据填写的重点说明：在贸易进口付汇核销单中，对外付汇币种须以进口商的本币填写，金额亦作相应转换。在 SimTrade 中币别由系统自动分配，进口商可在自己的“财务”页面中查询本币币别。

表 7-1

贸易进口付汇核销单（代申报单）

印单局代码：320000　　　　核销单编号：STICA000001

单位代码 00000005-8	单位名称 Carters Trading Company, LLC	所在地外汇局名称
付汇银行名称 THE CHARTERED BANK	收汇人国别 China	交易编码 0101
收款人是否在保税区：是 □ 否 ☑	交易附言	
对外付汇币种 USD　对外付汇总额 11200.00 其中：购汇金额 11200.00　现汇金额　其他方式金额 人民币帐号 066420123005214　外汇帐号		
付汇性质 ☑ 正常付汇 □ 不在名录　□ 90天以上信用证　□ 90天以上托收　□ 异地付汇 □ 90天以上到货　□ 转口贸易 备案表编号		
预计到货日期 09/10/2004	进口批件号	合同/发票号 Contract01/STINV000001
结算方式		
信用证　90天以内 ☑　90天以上 □	承兑日期 / /	付汇日期 / /　期限　天
托收　90天以内 □　90天以上 □	承兑日期 / /	付汇日期 / /　期限　天
汇款　预付货款 □	货到付汇（凭报关单付汇）□	付汇日期 / /
报关单号	报关日期 / /	报关单币种　金额
报关单号	报关日期 / /	报关单币种　金额
报关单号	报关日期 / /	报关单币种　金额
报关单号	报关日期 / /	报关单币种　金额
报关单号	报关日期 / /	报关单币种　金额
（若报关单填写不完，可另附纸。）		
其他 □	付汇日期 / /	
以下由付汇银行填写 申报号码： 业务编号：	审核日期： / /	（付汇银行签章）

（3）进入进口商业务中心，点击标志为“进口地银行”的建筑物，选择“信用证业务”，点击下方的“添加信用证申请书”按钮（如图 7-2 所示），出现成功界面后点击“返回”按钮。

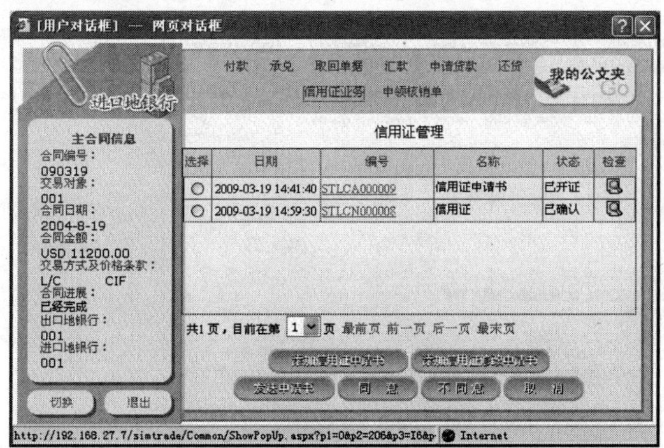

图 7-2

（4）点击相应的申请书编号可以打开“信用证申请书”，仔细填写并保存（表单样本请参考表 7-2）。

表 7-2

IRREVOCABLE DOCUMENTARY CREDIT APPLICATION

TO: THE CHARTERED BANK　　　　DATE: 040819

☐ Issue by airmail　☐ With brief advice by teletransmission ☐ Issue by express delivery ☑ Issue by teletransmission (which shall be the operative instrument)	Credit NO. STLCA000001 Date and place of expiry 041015 in the beneficiary's country
Applicant CARTERS TRADING COMPANY, LLC P.O.BOX8935,NEW TERMINALI, LATA. VISTA, OTTAWA, CANADA	Beneficiary (Full name and address) GRAND WESTERN FOODS CORP. ROOM2501,JIAFA MANSION, BEIJING WEST ROAD, NANJING 210005, P.R.CHINA
Advising Bank NANJING COMMERCIAL BANK NO.19 LANE 32 I SEN RD, NANJING 210014, P.R.CHINA	Amount [USD][11200.00] U.S.DOLLARS ELEVEN THOUSAND TWO HUNDRED ONLY
Parital shipments ☐ allowed ☑ not allowed　Transhipment ☐ allowed ☑ not allowed Loading on board/dispatch/taking in charge at/from NANJING not later than 040920 For transportation to: TORONTO ☐ FOB　☐ CFR　☑ CIF ☐ or other terms	Credit available with NANJING COMMERCIAL BANK By ☐ sight payment　☐ acceptance　☑ negotiation ☐ deferred payment at against the documents detailed herein ☑ and beneficiary's draft(s) for 100 % of invoice value at **** sight drawn on ISSUE BANK

Documents required: (marked with X)

1.(X) Signed commercial invoice in 6 copies indicating L/C No. and Contract No. Contract01

2.(X) Full set of clean on board Bills of Lading made out to order and blank endorsed, marked "freight [ ] to collect / [X] prepaid [ ] showing freight amount" notifying THE APPLICANT.

( ) Airway bills/cargo receipt/copy of railway bills issued by showing "freight [ ] to collect/[ ] prepaid [ ] indicating freight amount" and consigned to

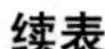
续表

3.[×]Insurance Policy/Certificate in 3 copies for 110 % of the invoice value showing claims payable in CANADA in currency of the draft, blank endorsed, covering All Risks and War Risks

4.[×]Packing List/Weight Memo in 3 copies indicating quantity, gross and weights of each package.

5.[ ]Certificate of Quantity/Weight in copies issued by

6.[ ]Certificate of Quality in copies issued by [ ] manufacturer/[ ] public recognized surveyor

7.[×]Certificate of Origin in 3 copies issued by MANUFACTURER

8.[ ]Beneficiary's certified copy of fax / telex dispatched to the applicant within hours after shipment advising L/C No., name of vessel, date of shipment, name, quantity, weight and value of goods.

Other documents, if any

Description of goods:

01005 CANNED SWEET CORN, 3060Gx6TINS/CTN
QUANTITY: 800 CARTON
PRICE: USD14/CTN

Additional instructions:

1.[×]All banking charges outside the opening bank are for beneficiary's account.

2.[×]Documents must be presented within 21 days after date of issuance of the transport documents but within the validity of this credit.

3.[ ]Third party as shipper is not acceptable, Short Form/Blank B/L is not acceptable.

4.[ ]Both quantity and credit amount % more or less are allowed.

5.[ ]All documents must be forwarded in

[ ]Other terms, if any

（5）填制完成后，点击“检查”按钮，检查结果显示“已通过”方可进行下面的操作。点击“信用证业务”按钮下方的“发送申请书”，将其发送给进口地银行，如图 7-3 所示。

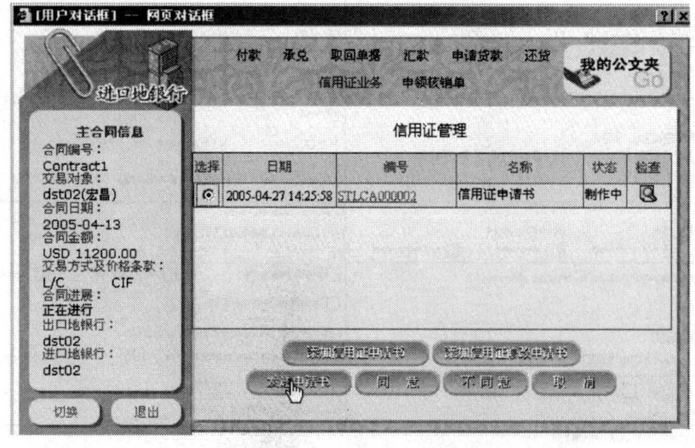

图 7-3

（6）返回实习平台首页，用户类型选择“进口地银行”，进入进口地银行首页，在右下角会出现“邮件提示”的标志，点击“进入我的邮箱”链接，此时会

发现进口地银行收到进口商要求开立信用证的邮件，查看邮件内容，如图 7-4 所示。

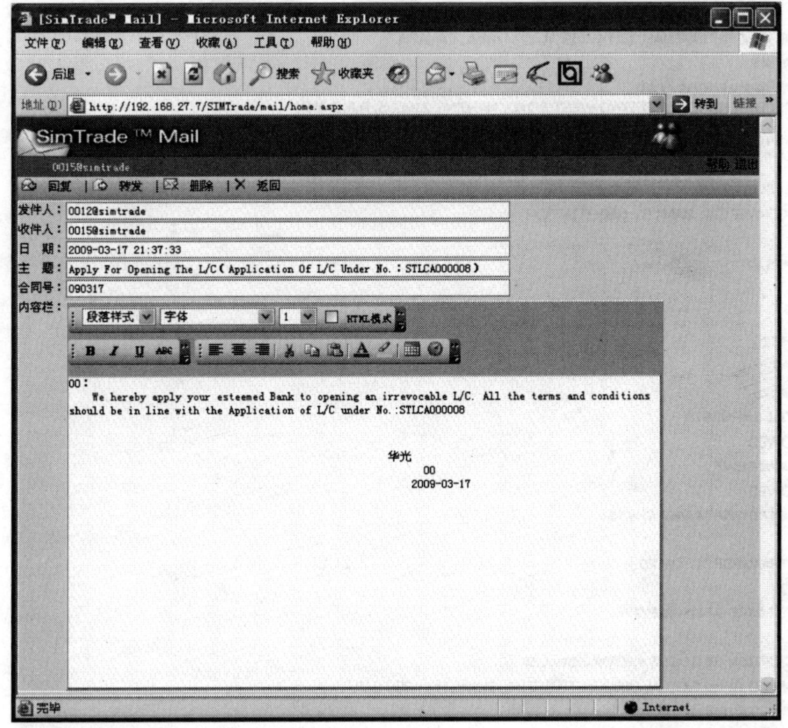

图 7-4

（7）返回到进口地银行业务的主页面，点击“信用证”按钮，在出现的界面中点击相应合同号的信用证申请书编号，查看其内容。完成后点击信用证编号进入“信用证”页面，根据开证申请书进行填写（填写说明可点击表头名称蓝色字体处查看，表单样本请参考表 7-3）。填写完成后点击“检查”按钮，确认通过；在“信用证”页面中选中该信用证前的单选钮，再点击“送进口商”按钮，将信用证发送给进口商。

表 7-3

LETTER OF CREDIT

-- MESSAGE TEXT --

:27:SEQUENCE OF TOTAL
1/1
:40A:FORM OF DOCUMENTARY CREDIT
IRREVOCABLE
:20:DOCUMENTARY CREDIT NUMBER
STLCN000001
:31C:DATE OF ISSUE
040820
:31D:DATE AND PLACE OF EXPIRY
041015 IN THE BENEFICIARY'S COUNTRY
:51A:APPLICANT BANK
THE CHARTERED BANK

续表

:50:APPLICANT

CARTERS TRADING COMPANY, LLC
P.O.BOX8935,NEW TERMINALl, LATA. VISTA, OTTAWA, CANADA

:59:BENEFICIARY

GRAND WESTERN FOODS CORP.
ROOM2501,JIAFA MANSION, BEIJING WEST ROAD, NANJING 210005, P.R.CHINA

:32B:CURRENCY CODE, AMOUNT

[USD] [11200.00]

:41D:AVAILABLE WITH BY

NANJING COMMERCIAL BANK BY NEGOTIATION

:42C:DRAFTS AT

SIGHT

:42A:DRAWEE

ISSUE BANK

:43P:PARTIAL SHIPMENTS

NOT ALLOWED

:43T:TRANSHIPMENT

NOT ALLOWED

:44A:ON BOARD/DISP/TAKING CHARGE

NANJING

:44B:FOR TRANSPORTATION TO

TORONTO

:44C:LATEST DATE OF SHIPMENT

040920

:45A:DESCRIPTION OF GOODS AND/OR SERVICES

01005 CANNED SWEET CORN, 3060Gx6TINS/CTN, QUANTITY: 800 CARTON
CIF TORONTO, PRICE: USD14/CTN

:46A:DOCUMENTS REQUIRED

+SIGNED COMMERCIAL INVOICE IN 6 COPIES INDICATING CONTRACT NO. CONTRACT01
+FULL SET OF CLEAN ON BOARD BILLS OF LADING MADE OUT TO ORDER AND BLANK ENDORSED, MARKED "FREIGHT PREPAID " NOTIFYING THE APPLICANT.
+INSURANCE POLICY/CERTIFICATE IN 3 COPIES FOR 110 % OF THE INVOIECE VALUE SHOWING CLAIMS PAYABLE IN CANADA IN CURRENCY OF THE DRAFT, BLANK ENDORSED, COVERING ALL RISKS, WAR RISKS.

:47A:ADDITIONAL CONDITIONS

:71B:CHARGES

ALL BANKING CHARGES OUTSIDE THE OPENING BANK ARE FOR BENEFICIARY'S ACCOUNT

:48:PERIOD FOR PRESENTATION

DOCUMENTS MUST BE PRESENTED WITHIN 21 DAYS AFTER DATE OF ISSUANCE OF THE TRANSPORT DOCUMENTS BUT WITHIN THE VALIDITY OF THIS CREDIT

:49:CONFIRMATION INSTRUCTIONS

WITHOUT

:57D:ADVISE THROUGH BANK

（8）进入进口商页面，进口商此时收到进口地银行要求确认的通知，点击“进口地银行”按钮，进入“信用证业务”页面，打开进口地银行开立的信用证，进行审核，无误后点击“同意”按钮，对该信用证进行确认。

（9）进口地银行收到进口商同意信用证的通知邮件后，进入“信用证业务”

页面，如图 7-5 所示。选中对应的信用证，将其发送到出口地银行。

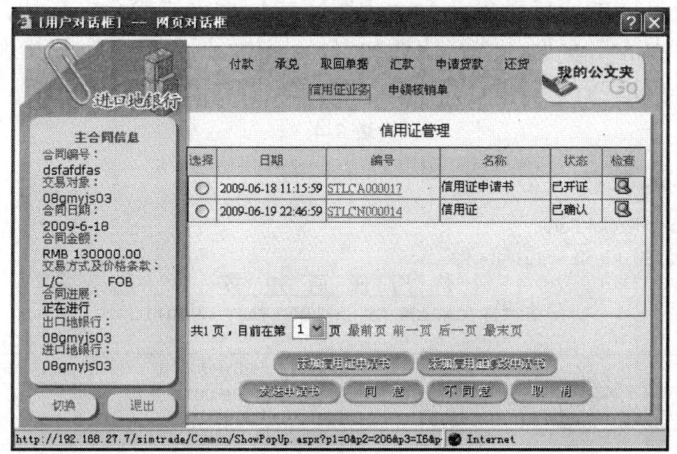

图 7-5

（10）返回实习平台首页，用户类型选择“出口地银行”，进入出口地银行首页，在右下角会出现“邮件提示”的标志，点击“进入我的邮箱”链接， 此时会发现出口地银行收到信用证已转发的通知，查看邮件内容，如图 7-6 所示。

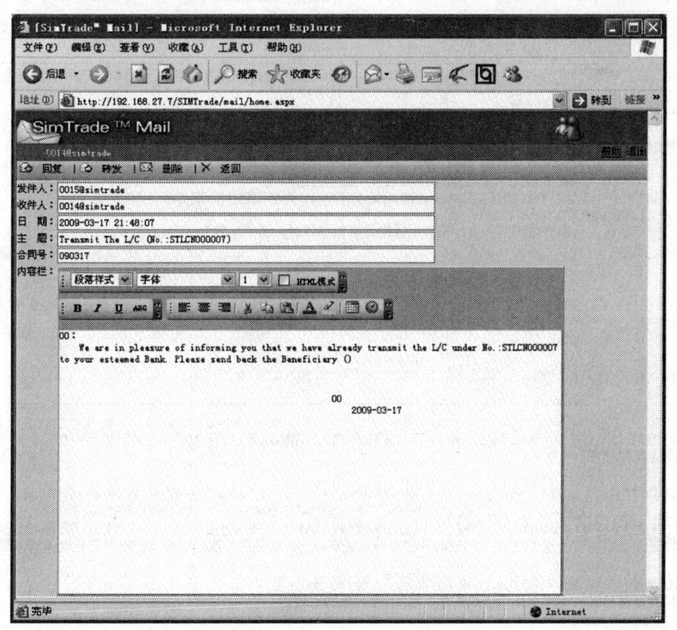

图 7-6

（11）返回出口地银行页面，进入“信用证业务”页面，打开对应信用证，查看其内容，审核无误后，选中该信用证。然后点击该信用证通知书所对应的单据编号，打开表单，根据信用证内容进行填写（填写说明可点击表头名称蓝色字体处查看，表单样本请参考表 7-4）。填写完成后点击“检查”按钮，确认通过。返回到“业务中心”页面，选择该通知书，点击“通知受益人”按钮，将信用证通知书通知给出口商。

表 7-4

南京商业银行

Nanjing Commercial Bank

No.19 Lane 32 I Sen Rd, Nanjing 210014, P.R.China
FAX:86-25-27203335

信 用 证 通 知 书

NOTIFICATION OF DOCUMENTARY CREDIT

日期: 2004-08-22

TO 致:		WHEN CORRESPOND NG	AD94001A40576
GRAND WESTERN FOODS CORP. ROOM2501,JIAFA MANSION, BEIJING WEST ROAD, NANJING 210005, P.R.CHINA		PLEASE QUOTE OUT REF NO.	
ISSUING BANK开证行 THE CHARTERED BANK P.O.Box99552,Riyadh 22766,KSA		TRANSMITTED TO US THROUGH 转递行 REF NO.	
L/C NO.信用证号 STLCN000001	DATED 开证日期 040820	AMOUNT 金额 [USD] [11200.00]	EXPIRY PLACE 有效地 CANADA
EXPIRY DATE 有效期 041015	TENOR 期限 SIGHT	CHARGE 未付费用 RMB0.00	CHARGE BY 费用承担人 BENE
RECEIVED VIA 来证方式 SWIFT	AVAILABLE 是否生效 VALID	TEST/SIGN 印押是否相符 YES	CONFIRM 我行是否保兑 NO

DEAR SIRS 敬启者:
WE HAVE PLEASURE IN ADVISING YOU THAT WE HAVE RECEIVED FROM THE A/M BANK A(N) **LETTER OF CREDIT**, CONTENTS OF WHICH ARE AS PER ATTACHED SHEET(S).
THIS ADVICE AND THE ATTACHED SHEET(S) MUST ACCOMPANY THE RELATIVE DOCUMENTS WHEN PRESENTED FOR NEGOTIATION.
兹通知贵公司，我行收自上述银行信用证一份，现随附通知。贵司交单时，请将本通知书及信用证一并提示。

REMARK备注:
PLEASE NOTE THAT THIS ADVICE DOES NOT CONSTITUTE OUR CONFIRMATION OF THE ABOVE L/C NOR DOES IT CONVEY ANY ENGAGEMENT OR OBLIGATION ON OUT PART.

THIS L/C CONSISTS OF SHEET(S), INCLUDING THE COVERING LETTER AND ATTACHMENT(S).
本信用证连同面函及附件共 纸。

IF YOU FIND ANY TERMS AND CONDITIONS IN THE L/C WHICH YOU ARE UNABLE TO COMPLY WITH AND OR ANY ERROR(S), IT IS SUGGESTED THAT YOU CONTACT APPLICANT DIRECTLY FOR NECESSARY AMENDMENT(S) SO AS TO AVOID AND DIFFICULTIES WHICH MAY ARISE WHEN DOCUMENTS ARE PRESENED.
如本信用证中有无法办到的条款及/或错误，请迳与开证申请人联系，进行必要的修改，以排除交单时可能发生的问题。

THIS L/C IS ADVISED SUBJECT TO ICC UCP PUBLICATION NO.500.
本信用证之通知系遵循国际商会跟单信用证统一惯例第500号出版物办理。

此证如有任何问题及疑虑，请与结算业务部审证科联络，电话： 86-25-27293344

YOURS FAITHFULL

FOR *Nanjing Commercial Bank*

（12）返回出口商界面，出口商收到信用证已到达的邮件，查看其内容后进入“出口商业务中心”，点击“出口地银行”按钮，进入以下界面，如图 7-7 所示。

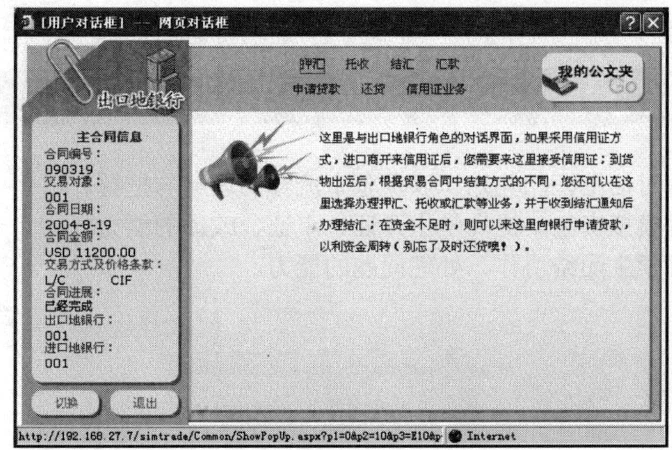

图 7-7

（13）点击“信用证业务”按钮，出现信用证相关管理界面，如图 7-8 所示，选中对应的信用证通知书和信用证，点击相应编号打开查看其内容，对其进行仔细审核，审核无误后，点击“接受”按钮，接受该信用证。

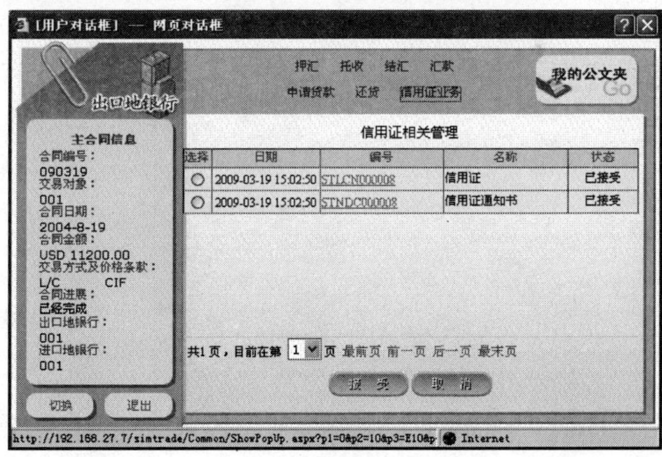

图 7-8

7.5　实验报告填写要求

（1）写明实验日期。

（2）根据实验目的和实验内容，认真做好实验记录，实验步骤和结果应根据

实验的实际操作过程进行填写，实验心得与体会应具体。

（3）填写实验报告要字迹工整。

7.6 实验总结

（1）加深对信用证相关知识以及整个流程的理解与把握。

（2）通过模拟实验，提高学生开证、审证、改证的能力。

（3）锻炼学生团结协作、处理问题的能力。

第 8 章

实验六　商业单据的制作

8.1　实验目的

了解进出口贸易中报验、托运订舱、投保及报关的相关内容，熟练掌握根据合同、信用证和国际惯例制作并审核报验、托运定舱、投保及报关单据，为后面实验的顺利操作做准备。

8.2　实验准备

（1）了解单证工作的重要性以及进出口单证工作的基本要求。

（2）了解商业单据的组成及每一个单据的制作要点。

（3）了解商业单据缮制程序。

8.3　实验内容

（1）制作商业发票、装箱单、报检单、报关单等商业单据。

（2）按照“单证一致、单单一致”的原则审查各种单据。

8.4　实验步骤

（1）进入外贸单证教学系统主页，输入用户名和密码后点击“确定”按钮。

（2）在打开的页面中点击“我的练习”按钮，选择“040101：制货物出运委托书”、“050301：制全套报检单据”、“060201：制出口货物报关单”、“070101：制货物运输投保单”，分别点击“查看”按钮（如图 8-1 所示）查看题目要求和说明（以制全套报检单据为例），如图 8-2 所示。

世格外贸单证教学系统V3.0.2080928 - Microsoft Internet Explorer

040201	制出口货物订舱委托书	查看	2009-3-17	答题
040301	制托运单	查看	2009-3-17	答题
040401	制出口货物明细单	查看	2009-3-17	答题
050201	制出境货物报检单	查看	2009-3-17	答题
050202	制出境货物报检单	查看	2009-3-17	答题
050301	制全套报检单据	查看	2009-3-17	答题
060201	制出口货物报关单	查看	2009-3-17	答题
060202	制出口货物报关单	查看	2009-3-17	答题
060203	制出口货物报关单	查看	2009-3-17	答题
060301	制全套报关单据	查看	2009-3-17	答题
070101	制货物运输投保单	查看	2009-3-17	答题
070102	制货物运输投保单	查看	2009-3-17	答题
070201	制保险单	查看	2009-3-17	答题
080101	制海运提单	查看	2009-3-17	答题
080102	制海运提单	查看	2009-3-17	答题
080103	制海运提单	查看	2009-3-17	答题
080201	制航空运单	查看	2009-3-17	答题
090101	制商业发票	查看	2009-3-17	答题
090102	制商业发票	查看	2009-3-17	答题
090103	制商业发票	查看	2009-3-17	答题
090201	制装箱单	查看	2009-3-17	答题
090202	制装箱单	查看	2009-3-17	答题
090203	制装箱单	查看	2009-3-17	答题
090301	制一般原产地证	查看	2009-3-17	答题
090302	制一般原产地证	查看	2009-3-17	答题
090303	制一般原产地证	查看	2009-3-17	答题
090401	制普惠制产地证	查看	2009-3-17	答题

图 8-1

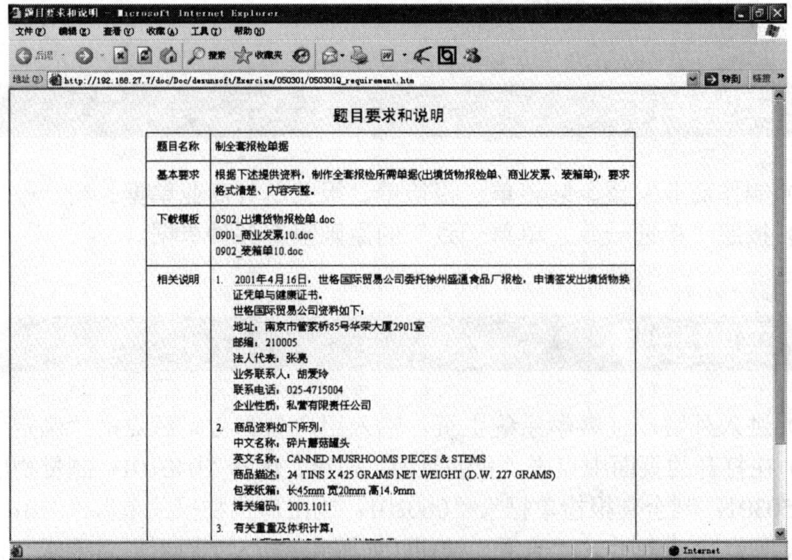

题目要求和说明

题目名称	制全套报检单据
基本要求	根据下述提供资料，制作全套报检所需单据(出境货物报检单、商业发票、装箱单)，要求格式清楚、内容完整。
下载模板	0502_出境货物报检单.doc 0901_商业发票10.doc 0902_装箱单10.doc
相关说明	1. 2001年4月16日，世格国际贸易公司委托徐州盛通食品厂报检，申请签发出境货物换证凭单与健康证书。 世格国际贸易公司资料如下： 地址：南京市管家桥85号华荣大厦2901室 邮编：210005 法人代表：张亮 业务联系人：胡爱玲 联系电话：025-4715004 企业性质：私营有限责任公司 2. 商品资料如下所列： 中文名称：碎片蘑菇罐头 英文名称：CANNED MUSRHOOMS PIECES & STEMS 商品描述：24 TINS X 425 GRAMS NET WEIGHT (D.W. 227 GRAMS) 包装纸箱：长45mm 宽20mm 高14.9mm 海关编码：2003.1011 3. 有关重量及体积计算：

图 8-2

（3）返回“我的练习”页面，点击进入“练习模板”，寻找并下载“题目要求和说明”中所要求下载的“模板”。结合“参考文件”，填制相关单据，所图 8-3 所示。

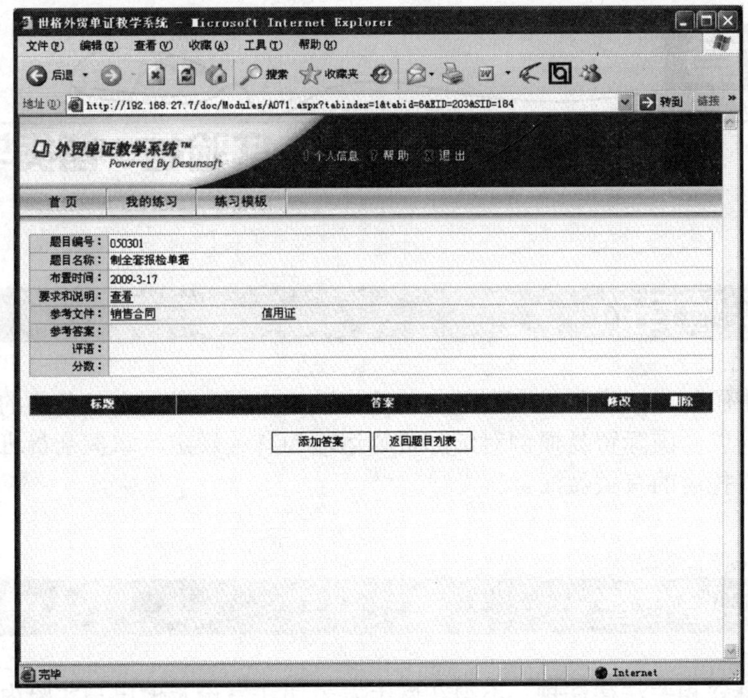

图 8-3

8.5 实验报告填写要求

（1）写明实验日期。

（2）根据实验目的和实验内容，认真做好实验记录，实验步骤和结果应根据实验的实际操作过程进行填写，实验心得与体会应具体。

（3）填写实验报告要字迹工整。

8.6 实验总结

（1）掌握外贸制单的技能技巧。

（2）了解商业单据的制作流程。

（3）制作单证要正确、快速、简明、整洁，这对于锻炼学生的耐心和细心有很大帮助。

第 9 章

实验七　备货与租船

9.1　实验目的

使学生了解出口商和供应商是如何签订购销合同，进行出口备货的。理解信用证、合同以及国际贸易惯例对国际货物运输的有关规定，掌握杂货班轮和集装箱运输出口托运的有关做法。

9.2　实验准备

（1）遵守相关法律法规，不得在网上发表违法言论及做出与实验内容无关的事项。

（2）按实验内容，认真进行准备，熟悉购销合同及出口货物明细单的内容和样式，掌握购销合同及出口托运订舱委托单的填制规范及注意事项。

（3）了解规范填制购销合同及出口货物明细单及相关的运输单据的说明和要求。

（4）熟悉实验报告的内容（包括实验内容概述、实验步骤、实验中遇到的问题及解决方法、实验的收获和体会、对实验的建议等）。

9.3　实验内容

（1）草拟购销合同。

（2）填写出口货物明细单。

出口货物明细单是向海关申报出口凭以放行的凭证，也是海关对出口商品统计的依据。申报时须填明出口商品目录编号，填列号码、数量、重量、成交价格、总值等。出口托运订舱委托单是发货人自制的单证。

9.4　实验步骤

9.4.1　出口商起草国内买卖合同

（1）学生以出口商角色登录。在外贸实习平台的登录界面输入自己的用户名（如 xyz）和密码，在“用户类型”下拉框中选择“出口商”，点击“登录系统”按钮，进入出口商业务主页面。

（2）在出口商主页面中点击“业务中心”按钮，进入业务中心页面。

（3）在业务中心页面中点击“工厂建筑物”按钮，进入出口商与工厂的对话界面。

重点说明：图 9-1 中填制的内容仅仅是示例，可以涉及多个合同。

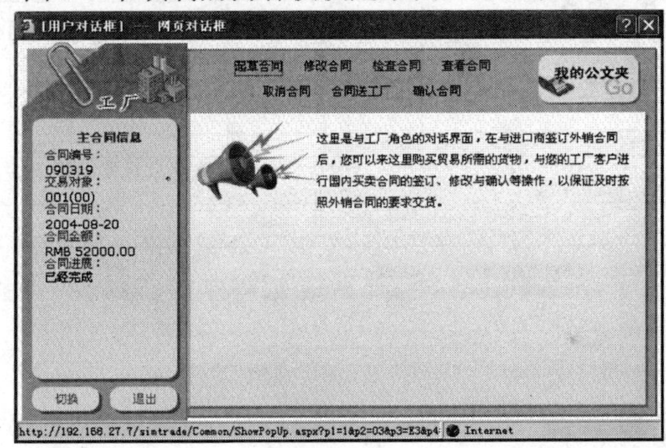

图 9-1

（4）点击页面上方的“起草合同”按钮，输入合同号（该合同号由出口商自己定义）、交易对象编号（如图 9-2 所示），点击“确定”按钮。

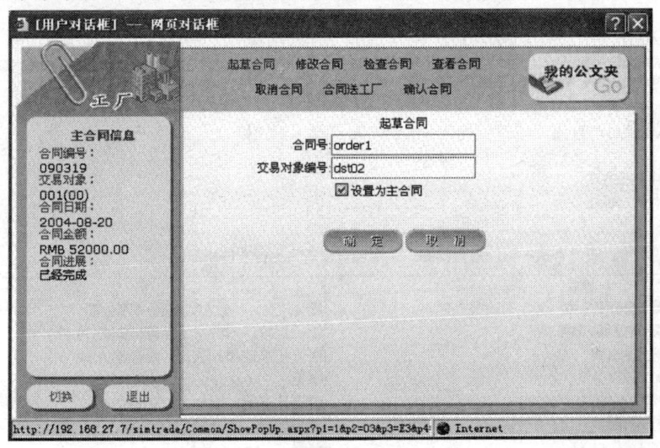

图 9-2

（5）输入合同资料，其中标红色的部分必须要填写。合同资料输入完毕，点击“买方签字”按钮。

（6）点击右下角的“保存”按钮，退出购销合同画面，返回到“业务中心”界面。

填写说明可点击表头名称蓝色字体处查看，国内买卖合同样本请参考表 9-1。

表 9-1

买 卖 合 同

卖方：冠驰股份有限公司　　合同编号：Order01

签订时间：2004-08-20

买方：宏昌国际股份有限公司　　签订地点：南京

一、产品名称、品种规格、数量、金额、供货时间：

选择	产品编号	品名规格	计量单位	数量	单价(元)	总金额(元)	交(提)货时间及数量
○	01005	甜玉米罐头 每箱6罐，每罐3060克	CARTON	800	65	52000	2004年4月16日前工厂交货
		合计：	CARTON	800		52000	
						[添 加][修 改][删 除]	
合计人民币(大写)	伍万贰仟元整						
备注：							

二、质量要求技术标准、卖方对质量负责的条件和期限：

质量符合国标出口优级品，如因品质问题引起的一切损失及索赔由供方承担，质量异议以本合同产品保质期为限。（产品保质期以商标效期为准）

三、交(提)货地点、方式：

工厂交货

四、交（提）货地点及运输方式及费用负担：

集装箱门到门交货，费用由需方承担。

五、包装标准、包装物的供应与回收和费用负担：

纸箱包装符合出口标准，商标由需方无偿提供。

六、验收标准、方法及提出异议期限：

需方代表按出口优级品检验内在品质及外包装，同时供方提供商检放行单或商检换证凭单。

七、结算方式及期限：

需方凭供方提供的增值税发票及相应的税收（出口货物专用）缴款书在供方工厂交货后七个工作日内付款。如果供方未将有关票证备齐，需方扣除17%税款支付给供方，等有关票证齐全后结清余款。

八、违约责任：

违约方支付合同金额的15%违约金。

九、解决合同纠纷的方式：

按《中华人民共和国合同法》。

十、本合同一式两份，双方各执一份，效力相同。未尽事宜由双方另行友好协商。

卖　方	买　方
单位名称：冠驰股份有限公司	单位名称：宏昌国际股份有限公司
单位地址：南京市中正路651号3楼	单位地址：南京市北京西路嘉发大厦2501室
法人代表或委托人：张驰	法人代表或委托人：刘铭华
电话：86-25-29072727	电话：86-25-23501213
税务登记号：320105526914732	税务登记号：320103756891549
开户银行：南京商业银行	开户银行：南京商业银行
帐号：SIM-dst023	帐号：SIM-dst011
邮政编码：210016	邮政编码：210014

如果发现合同需修改，请按如下步骤操作。

（1）点击页面上方的“修改合同”按钮，选择合同号后点击“确定”按钮。

（2）在合同中做相应修改后，点击页面下方的“保存”按钮。其中，若修改商品资料，需点击加下划线的“货号”，在商品资料的小窗口中做修改并保存。

注意：已发送给工厂或双方已确认签字的购销合同，不能再做修改。

9.4.2　出口商发送合同

（1）在“业务中心”上，点击标志为“工厂”的建筑物。

（2）点击页面下方的“合同送工厂”项，选择合同号，输入标题和说明内容后点击“确定”按钮，合同即送达工厂处。

注意：在收到工厂的确认邮件（同意执行合同）后，签订购销合同的工作才算完成，如图 9-3 所示。

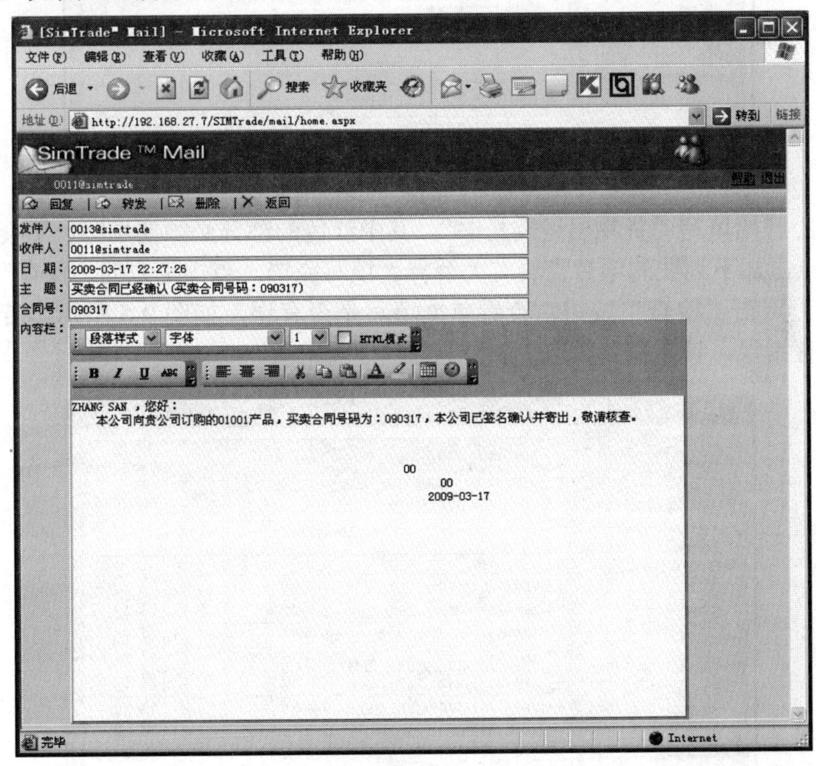

图 9-3

9.4.3　出口商检查到货状况及租船订舱

收到工厂的发货通知邮件后，到“库存状况”页面检查库存量是否增加。只

有备齐外销合同要求的数量，备货的工作才算完成。

在CIF、CFR方式下，出口商需租船订舱。但在FOB方式下，可省略此步骤。

（1）点击“进口商”建筑物，点击页面上方的“添加单据”按钮，选择“货物出运委托书”（如图9-4所示）后点击“确定”按钮。

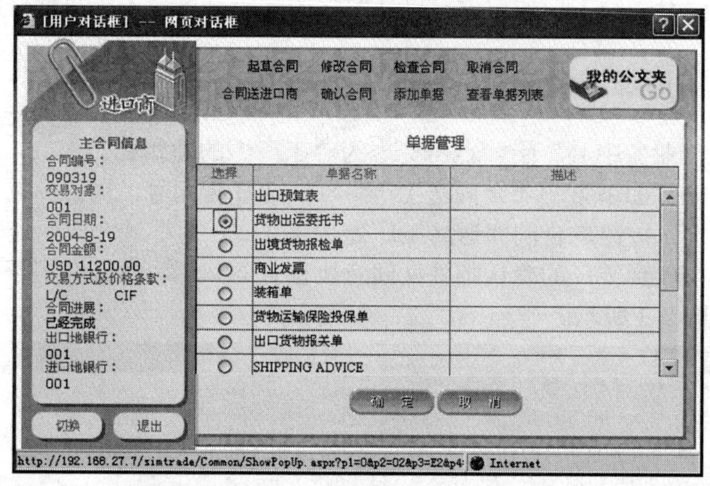

图9-4

（2）开始填写“货物出运委托书”。其中红色的部分必须要填写，不会填写的部分可点击加下划线的项目查看有关解释。填写完毕，点击下方的“保存”按钮。

（3）点击“检查”按钮，查看单据填写是否有误，如图9-5所示。若检查结果显示有错误，请重复步骤（2）。

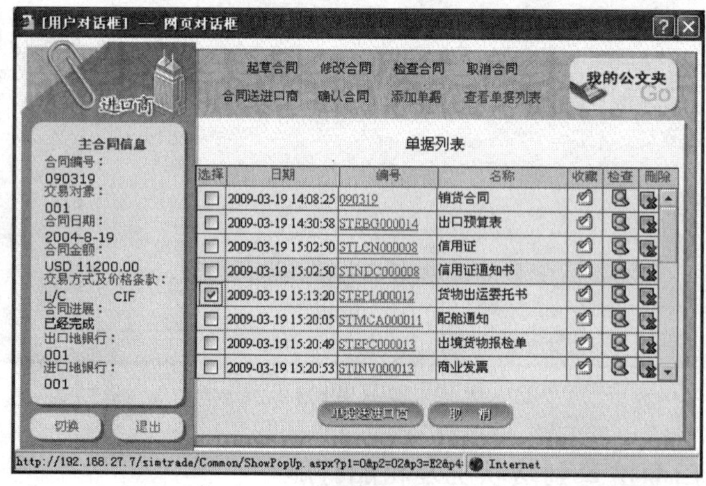

图9-5

（4）进入“业务中心”页面，点击标志“船公司”的建筑物，如图 9-6 所示。

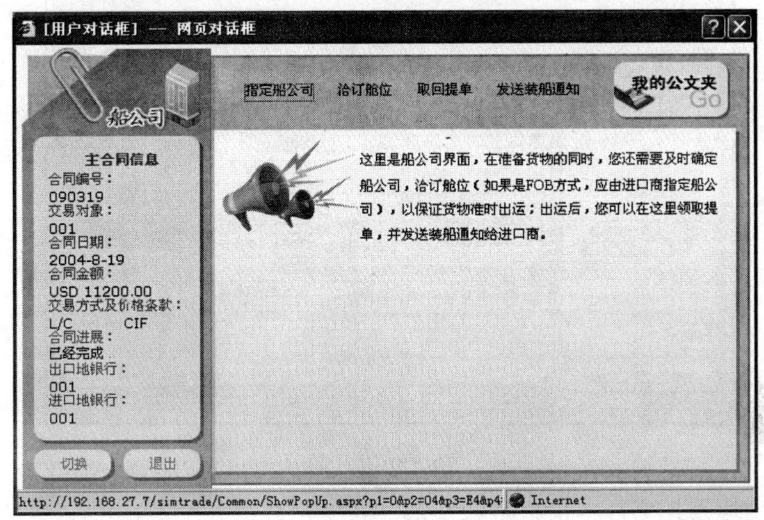

图 9-6

（5）点击页面上方的“洽订舱位”按钮，选择集装箱类型及装船日期（如图 9-7 所示），点击“确定”按钮，完成租船。

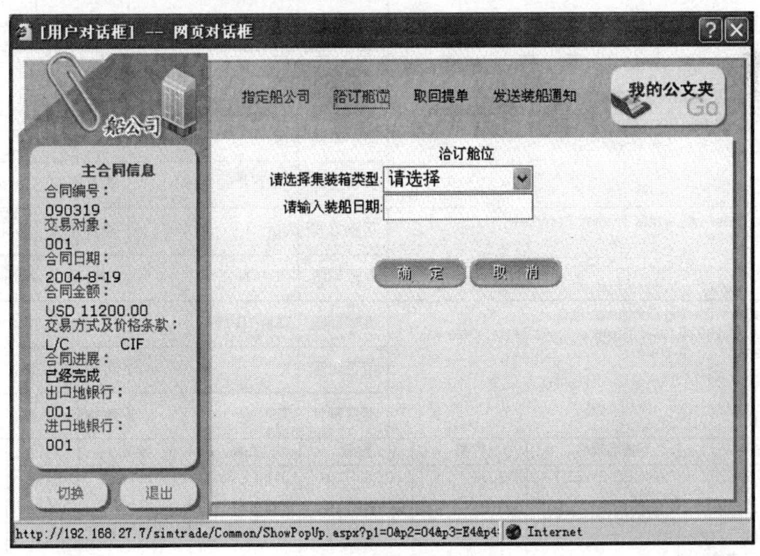

图 9-7

（6）完成租船后，外运公司回复“配舱回单”，到“查看单据列表”页面中可看到这张单据（如图 9-8 所示），出口商不能对其修改。

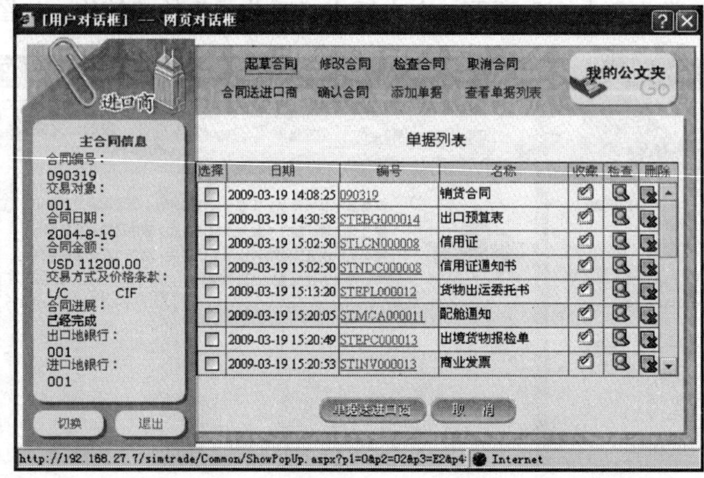

图 9-8

货物出运委托书样本请参考表 9-2。

表 9-2

货物出运委托书

(出口货物明细单) 日期: 2005-09-10

根据《中华人民共和国合同法》与《中华人民共和国海商法》的规定，就出口货物委托运输事宜订立本合同。

		合同号	Contract01	运输编号	STINV000001
		银行编号	dst01	信用证号	STLCN000001
		开证银行	THE CHARTERED BANK		
托运人	宏昌国际股份有限公司 南京市北京西路嘉发大厦2501室	付款方式	L/C		
		贸易性质	一般贸易	贸易国别	Canada
抬头人	To order of Carters Trading Company, LLC	运输方式	海运	消费国别	Canada
		装运期限	2004-09-20	出口口岸	Nanjing
通知人	Carters Trading Company, LLC P.O.Box8935,New Terminal, Lata. Vista, Ottawa, Canada	有效期限	2004-10-15	目的港	Toronto
		可否转运	NO	可否分批	NO
		运费预付	YES	运费到付	NO

选择	标志唛头	货名规格	件数	数量	毛重	净重	单价	总价
○	CANNED SWEET CORN CANADA C/NO.1-800 MADE IN CHINA	CANNED SWEET CORN 3060Gx6TINS/CTN	800CARTON	800CARTON	16156.8KGS	14688KGS	USD14	USD11200
		TOTAL:	[800] [CARTON]	[800] [CARTON]	[16156.8] [KGS]	[14688] [KGS]		[USD] [11200]

[添 加][修 改][删 除]

续表

<table>
<tr><td rowspan="8">注意事项</td><td rowspan="8"></td><td colspan="2">FOB价</td><td>[USD][7509.58]</td></tr>
<tr><td colspan="2">总体积</td><td>[20.5888][CBM]</td></tr>
<tr><td rowspan="3">保险单</td><td>险别</td><td>ICC(A)
WAR RISKS</td></tr>
<tr><td>保额</td><td>[USD][12320]</td></tr>
<tr><td>赔偿地点</td><td>CANADA</td></tr>
<tr><td colspan="2">海关编号</td><td>0000000003</td></tr>
<tr><td colspan="2">制单员</td><td>刘铭华</td></tr>
</table>

受托人(即承运人)	委托人(即托运人)
名称:	名称: 宏昌国际股份有限公司
电话:	电话: 86-25-23501213
传真:	传真: 86-25-23500638
委托代理人:	委托代理人: 刘铭华

9.5　实验报告填写要求

根据实验目的和实验内容，认真做好实验记录，实验步骤和结果应根据实验的实际操作过程进行填写，实验心得与体会应具体。

9.6　实验总结

结合本次实验，总结外贸交易备货与租船订舱工作及其操作过程，掌握租船与订舱的操作技巧，并认真写出实验报告。

第10章

实验八　报检与投保

10.1　实验目的

熟悉出口商品报检的一般程序，能根据合同和信用证填制出境货物报检单和原产地证明书。

了解出口货物投保的一般程序，熟悉中国保险条款和伦敦协会条款的各种险别，能根据合同、发票和装货单等单据填制保险单。

10.2　实验准备

（1）遵守相关法律法规，不得在网上发表违法言论及做出与实验内容无关的事项。

（2）按实验内容，认真进行准备，熟悉出境货物报检单和原产地证明书及保险单的内容和样式，掌握出境货物报检单和原产地证明书及保险单的填制规范及注意事项。

（3）了解规范填制出境货物报检单和原产地证明书及保险单等相关单据的说明和要求。

（4）了解实验报告的内容（包括实验内容概述、实验步骤、实验中遇到的问题及解决方法、实验的收获与体会、对实验的建议等）。

10.3　实验内容

1．熟悉出口商品申请报检的一般程序

质检部门按照有关法律法规的规定对法定检验检疫货物签发通关单；实时将通关单电子数据通过质检电子业务平台，经电子口岸信息平台传输给海关，海关

凭通关单电子数据验放,并在办结海关手续后实时将通关单使用情况反馈给质检。

2. 熟练填制出境货物报检单

发货人备齐货物后，在装运前一定时间内向出入境检验检疫机构报检，填制出口报检单，随附发票、箱单、合同、厂检单等副本。厂地检验检疫局对所申请的商品进行检验和查验，合格后发出入境货物换证凭单。货物出境时，经口岸检验检疫机关查验合格，签发通关单或换发检验检疫证书。

3. 了解出口货物投保的一般程序

办理进出口货物运输保险的投保手续一般按以下四个步骤进行：

（1）详细了解本保险条款及相关内容；

（2）在保险业务员的指导下，填写投保单中的各项目，包括：发票号码、合同号码、信用证号码、标记、包装及数量、保险货物项目、保险金额（按发票金额加成 110%）、装载运输工具、起运日期、赔款偿付地点、运输路线、转载地点、投保险别等，投保人签名盖章并写明投保人申请保险单正本份数、保险单或是保险凭证及投保日期；

（3）由业务经办人及核保员审核；

（4）经审核同意后，保险公司签发保险单，投保人缴纳保险费。

4. 能规范填制出口货物保险单

它主要规定了保险公司对该批货物承保的责任范围，也是被保险人在货物遭到损失后，确定是否属保险公司责任的根据。赔付地点和赔付代理人一般为保险公司在目的地或就近地区的代理人。保险单签发日期和地点：保险单的出单日期不迟于提单或其他货运单据的签发日期，以表示货物在装运前已办理保险。

10.4　实验步骤

10.4.1　报检的操作步骤

（1）在浏览器的地址栏输入外贸实习平台的 IP 地址，登录界面。用户类型选择“出口商”。

（2）进入“交易中心”界面。

（3）点击“进口商”建筑物，选择合同号，点击页面上方的“添加单据”按钮，选择“报检单”后点击“确定”按钮。

（4）分别点击“出境报检单”、“商业发票”、“装箱单”按钮，填写内容后点击下方的“保存”按钮。其中红色的部分必须要填写，不会填写的部分可点击加

下划线的项目，如图 10-1 至图 10-3 所示。

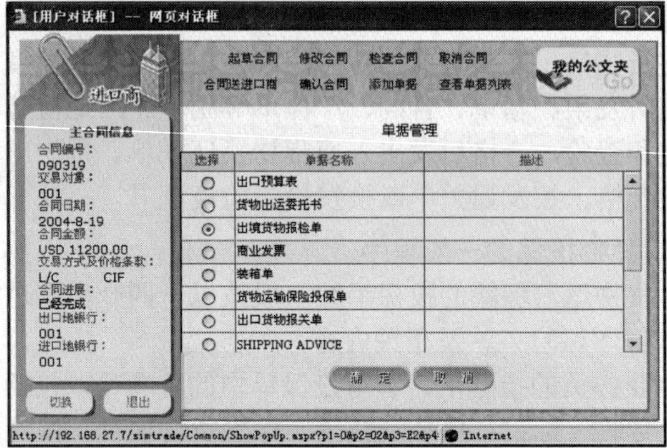

图 10-1

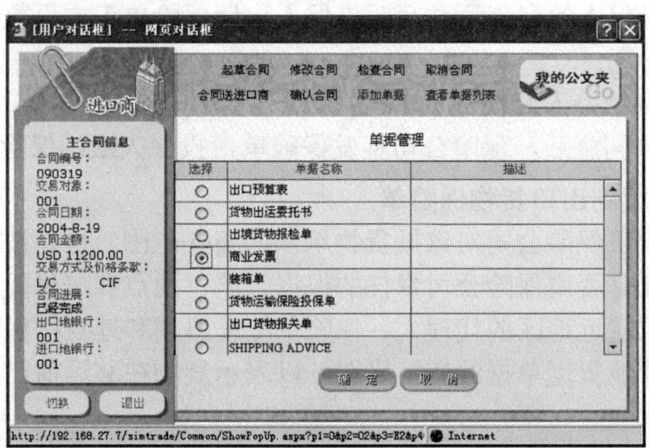

图 10-2

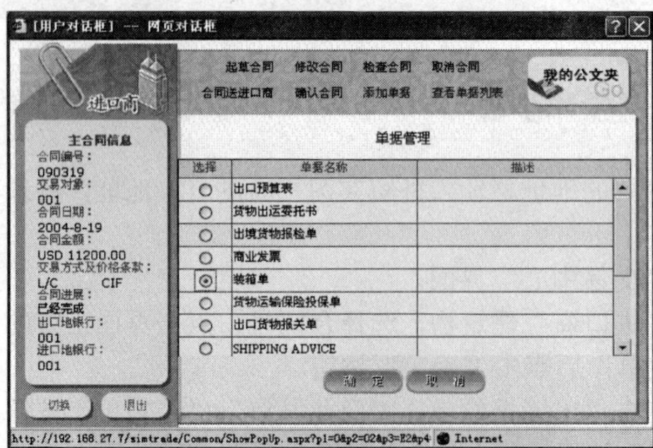

图 10-3

（5）点击“查看单据列表”页面中的“检查”按钮（如图 10-4 所示），查看单据填写是否有误。若检查结果显示有错误，请重复步骤（4）。

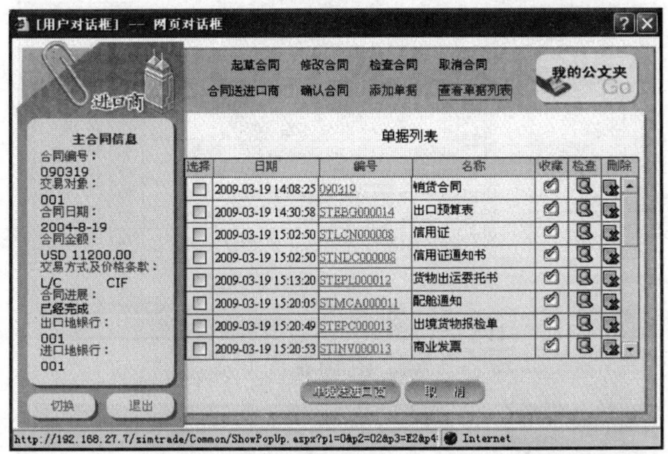

图 10-4

（6）进入“业务中心”页面，点击标志为“检验机构”的建筑物，进入“检验机构”页面（如图 10-5 所示）。

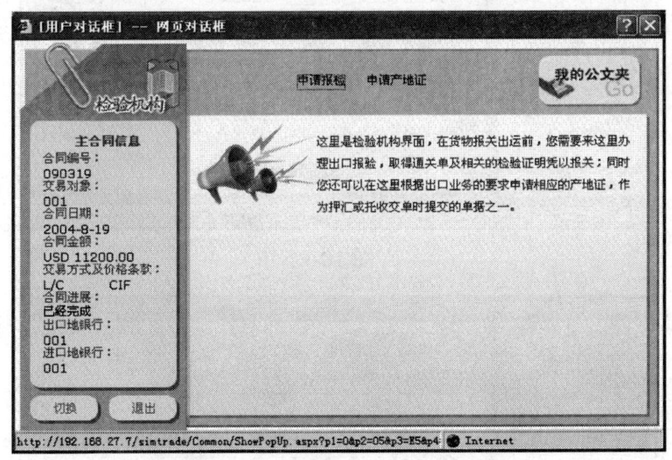

图 10-5

（7）点击页面上方的“申请报检”按钮（如图 10-6 所示），选择报验单据（如图 10-7 所示），点击“报检”按钮，等待报检通过。

（8）报验后，如果显示“成功”界面，表示报检已通过。

报检通过后，检验检疫局签发“通关单”和“检验证明”，到“查看单据列表”页面中可查到这两张单据，出口商不能对其修改（如图 10-8 所示）。其中，通关单在报关时使用。

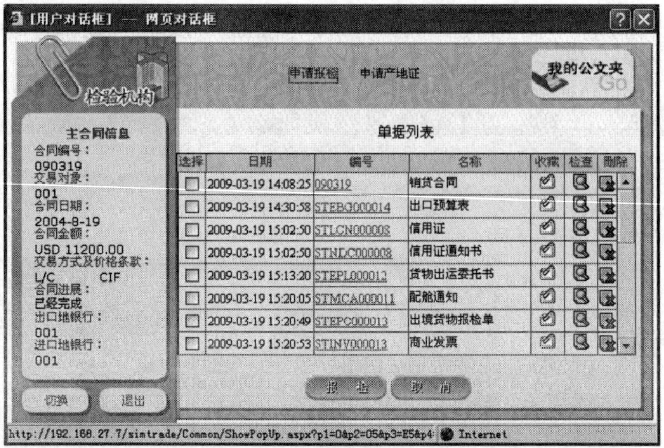

图 10-6

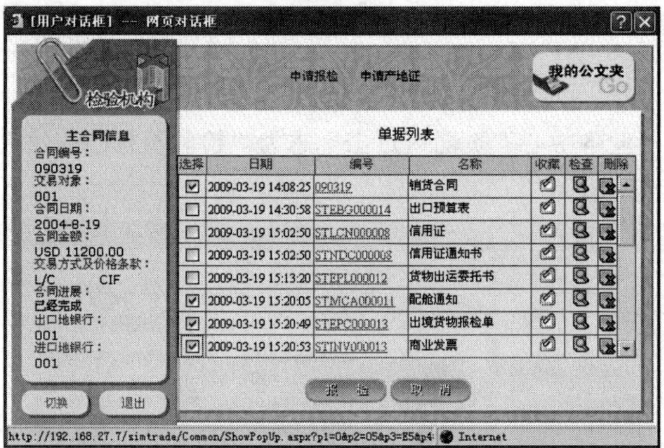

图 10-7

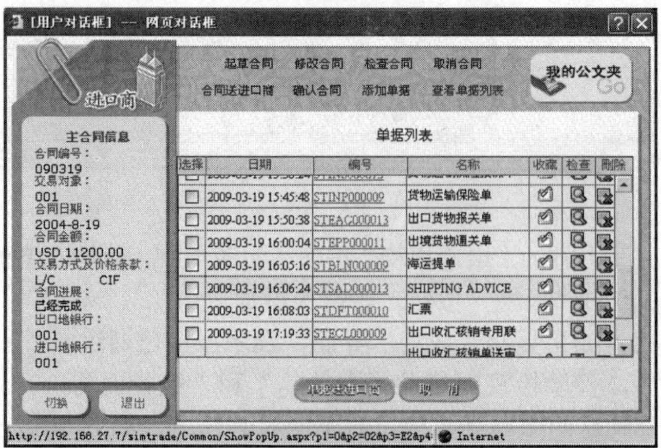

图 10-8

出境货物报检单样本请参考表 10-1。

表 10-1

中华人民共和国出入境检验检疫

出境货物报检单

报检单位（加盖公章）：宏昌国际股份有限公司　　*编　号 STEPC000001

报检单位登记号：19576254　联系人：刘铭华　电话：86-25-2350121 报检日期：2004年 8 月 20 日

发货人	（中文）宏昌国际股份有限公司
	（外文）GRAND WESTERN FOODS CORP.
收货人	（中文）
	（外文）Carters Trading Company, LLC

选择	货物名称（中/外文）	H.S.编码	产地	数/重量	货物总值	包装种类及数量
○	甜玉米罐头 每箱6罐，每罐3060克 CANNED SWEET CORN 3060Gx6TINS/CTN	20058000	China	800CARTON	USD11200	800CARTON

[添 加][修 改][删 除]

运输工具名称号码	Zaandam	贸易方式	一般贸易	货物存放地点	Nanjing CY
合同号	Contract01	信用证号	STLCN000001	用途	

发货日期	2004-09-20	输往国家(地区)	Canada	许可证／审批号	
启运地	Nanjing	到达口岸	Toronto	生产单位注册号	
集装箱规格、数量及号码					

合同、信用证订立的检验检疫条款或特殊要求	标记及号码	随附单据（划“√”或补填）	
	CANNED SWEET CORN CANADA C/NO.1-800 MADE IN CHINA	☑合同 ☑信用证 ☑发票 ☐换证凭单 ☑装箱单 ☐厂检单	☐包装性能结果单 ☐许可/审批文件 ☐ ☐ ☐ ☐

需要证单名称（划“√”或补填）		*检验检疫费	
☐品质证书 __正__副 ☐重量证书 __正__副 ☐数量证书 __正__副 ☐兽医卫生证书 __正__副 ☐健康证书 __正__副 ☑卫生证书 2 正 2 副 ☐动物卫生证书 __正__副	☐植物检疫证书 __正__副 ☐熏蒸/消毒证书 __正__副 ☐出境货物换证凭单 ☑通关单 ☐ ☐ ☐	总金额（人民币元）	
		计费人	
		收费人	

报检人郑重声明： 1. 本人被授权报检。 2. 上列填写内容正确属实，货物无伪造或冒用他人的厂名、标志、认证标志，并承担货物质量责任。 签名：刘铭华	领取证单	
	日期	
	签名	

注：有“*”号栏由出入境检验检疫机关填写　　◆国家出入境检验检疫局制

[1-2 (2000.1.1)]

10.4.2　保险的实验步骤

在 CIF 方式下，出口商需做出口保险。在 CFR、FOB 方式下，因由进口商负责投保，出口商可省略此步骤。

（1）点击“进口商”建筑物，再点击“添加单据”按钮，选择“货物运输保险投保单”后点击“确定”按钮，如图 10-9 所示。

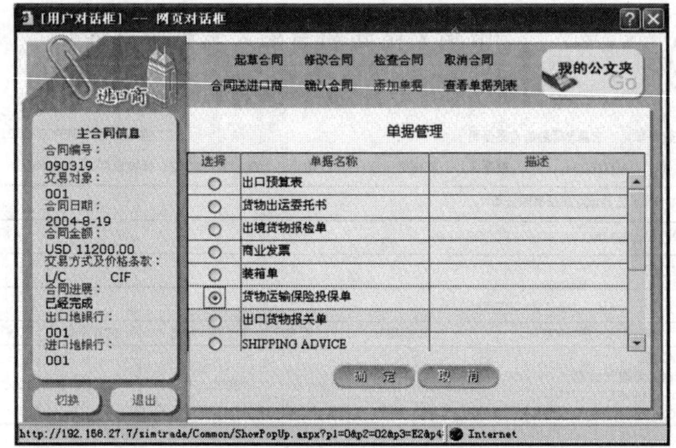

图 10-9

（2）点击“查看单据列表”按钮，再点击“货物运输保险投保单”（如图 10-10 所示），填写内容后点下方的“保存”按钮。其中红色的部分必须要填写，不会填写的部分可点击加下划线的项目查看有关解释。

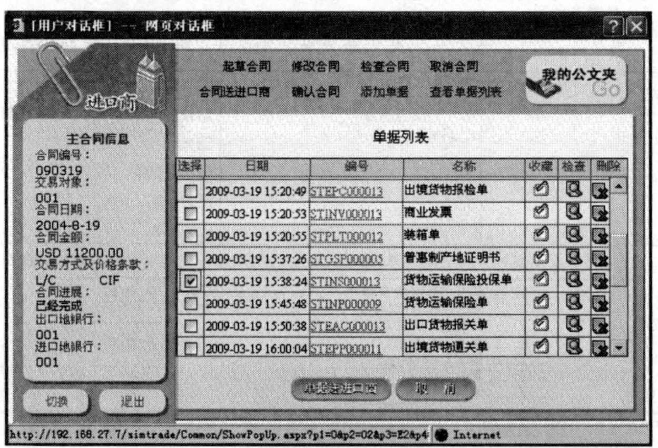

图 10-10

（3）点击“检查”按钮，查看单据填写是否有误。若检查结果显示有错误，请重复步骤（2）。

（4）进入“业务中心”页面，点击标志为“保险公司”的建筑物，进入保险公司界面（如图 10-11 所示）。

（5）点击页面下方的“商业发票”与“货物运输保险投保单”项后，点击“办理保险”按钮，完成出口保险（如图 10-12 所示）。

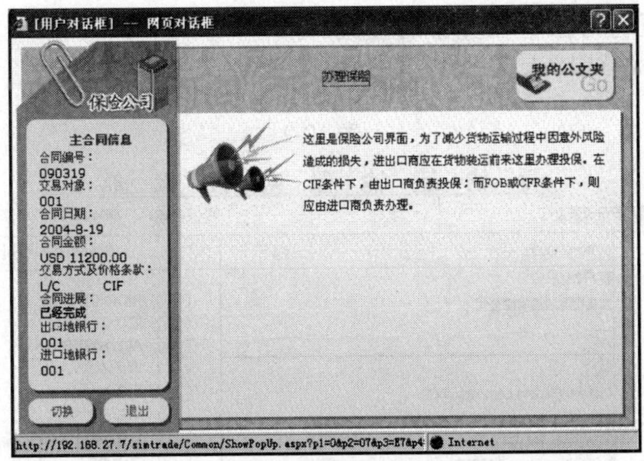

图 10-11

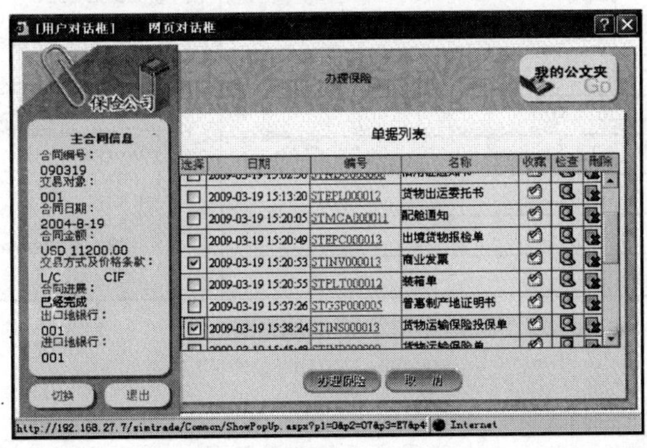

图 10-12

（6）保险完成后，保险公司签发“保险单”，到“查看单据列表”页面可看到这张单据（如图 10-13 所示），出口商不能对其修改。

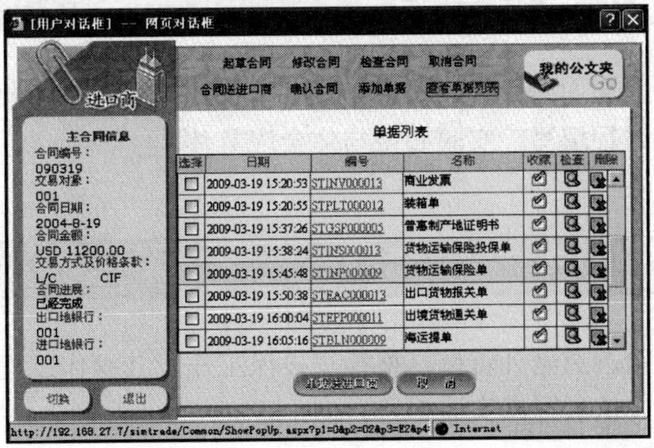

图 10-13

（7）检验证明与保单在交单时使用。

货物运输投保单样本请参考表 10-2。

表 10-2

货 物 运 输 保 险 投 保 单

投保人：宏昌国际股份有限公司　　　　投保日期：2004-08-25

发票号码	STINV000001	投保条款和险别
被保险人	客户抬头 宏昌国际股份有限公司 过户 Carters Trading Company, LLC	( ) PICC CLAUSE (√) ICC CLAUSE ( ) ALL RISKS ( ) W.P.A./W.A. ( ) F.P.A (√) WAR RISKS ( ) S.R.C.C ( ) STRIKE (√) ICC CLAUSE A ( ) ICC CLAUSE B ( ) ICC CLAUSE C ( ) AIR TPT ALL RISKS ( ) AIR TPT RISKS ( ) O/L TPT ALL RISKS ( ) O/L TPT RISKS ( ) TRANSHIPMENT RISKS ( ) W TO W ( ) T.P.N.D. ( ) F.R.E.C. ( ) R.F.W.D. ( ) RISKS OF BREAKAGE ( ) I.O.P.
保险金额	[USD][12320]	
启运港	Nanjing	
目的港	Toronto	
转内陆		
开航日期	2004-09-10	
船名航次	Zaandam, DY105-09	
赔款地点	Canada	
赔付币别	USD	
保单份数		
其它特别条款		
以下由保险公司填写		
保单号码		签单日期

10.5 实验报告填写要求

根据实验目的和实验内容，认真做好实验记录，实验步骤和结果应根据实验的实际操作过程进行填写，实验心得与体会应具体。

10.6 实验总结

结合本次实验，总结外贸交易报检与投保工作及其操作过程，掌握报检与投保的操作技巧，并认真写出实验报告。

第11章

实验八　报关

11.1　实验目的

让学生了解出口通关的业务程序，学生能根据合同、发票、装箱单和装货单填制出口货物报关单等单据。

11.2　实验准备

（1）遵守相关法律法规，不得在网上发表违法言论及做出与实验内容无关的事项。

（2）按照实验内容，认真准备，熟悉出口托运订舱委托单及装运单的内容和样式，掌握出口托运订舱委托单及报关单的填制规范及注意事项。

（3）了解如何规范填制出口托运订舱委托单及相关的装运单据，及货物出口报关申报的说明和要求。

（4）熟悉实验报告的内容（包括实验内容概述、实验步骤、实验中遇到的问题及解决方法、实验的收获和体会、对实验的建议等）。

11.3　实验内容

1．了解出口通关的业务程序

（1）预录入申报。申报人填制预录入凭单，自行录入或委托预录入企业录入报关单电子数据，向海关申报。

（2）海关审单。海关收到报关单电子数据后，对报关单进行电子/人工审单，并根据审核结果向申报人发送“不受理申报”、“现场交单”、“放行交单”等回执。

（3）现场接单。申报人接到“现场交单”回执后，打印出纸质的报关单，备齐随附单证并签章后，到海关“现场接单岗位”办理接单手续；现场接单人员办

理接单手续后，打印涉税费报关单并签发各类税费专用缴款书或专用票据，交由申报人缴纳各项税费。

（4）税费征收。申报人持海关打印的税费缴款书或专用票据到银行缴纳税费；税费缴纳完毕后，将银行回执带回“现场接单岗位”，现场接单人员登录系统核注税费。

（5）货物查验。对海关布控查验货物，申报人带齐单证到“现场查验部门”办理查验手续；海关查验关员对需要查验的货物实施现场查验，查验结束后，申报人在《查验记录单》上签名确认。

（6）货物放行。对不涉及税费、无查验布控指令的报关单，由现场接单关员接单后直接予以放行，并在提货单或运单上签字、盖章（对于场站、港区与海关联网的口岸现场，出口报关单实行电子放行，取消纸质装货单的流转）。

对涉及税费和布控查验的报关单，在税费缴纳、查验完毕后，现场放行关员予以放行，并在提货单或运单上签字、盖章。

（7）结关。出口货物离境后，船代/航空公司向海关传输出口清洁舱单，海关在核对报关单电子数据与清洁舱单数据一致后，办理结关核销手续。

（8）证明联的签发、补签。进出口报关单结关后，企业即可向海关申请签发“报关单证明联”；海关现场关员签发以后，企业可以到证明联打印窗口领取证明联。

海关已签发的报关单证明联因遗失、损毁等特殊情况需要补签的，申报人应当自原证明联签发之日起1年内向海关提出书面申请，并随附由国税部门出具的未退税证明等相关证明材料，海关审核同意后，可予以补签。

2. 熟悉核销单备案的流程

首先，确认你的电子口岸已经装好，电脑能很顺利地进入电子口岸主页。如不能完成以上操作，请及时联系海关或外汇管理局，解决以上问题。

其次，确认以上操作无误后，登录电子口岸，先在网上申领核销单，完成相应操作并确认无误后，再从外汇管理局领回自己备案的核销单。

核销单备案的具体程序如下：

（1）把企业操作员卡插入与电脑相连的读卡器中；

（2）登录中国电子口岸网 http://www.chinaport.gov.cn/；

（3）点击进入中国电子口岸执法系统；

（4）输入这张操作员卡的IC卡密码；

（5）进入“出口收汇”页面；

（6）点击左边导航栏的“批量备案”；

（7）按要求输入核销单信息（核销单起始号、核销单份数等）；

（8）在右上角口岸一栏中输入“0”按回车键，选择需要备案的口岸；

（9）点击“设置口岸”；

（10）界面出现“设置成功”，核销单信息变成灰色。

至此，任务完成。

3．出口报关单的填制

出口报关单是出口商向海关申报出口的重要单据，也是海关直接监督出口行为、核准货物放行及对出口货物汇总统计的原始资料，直接决定了出口外销活动的合法性。出口货物报关单由中华人民共和国海关统一印制。

11.4　实验步骤

首先，在浏览器的地址栏输入外贸实习平台的 IP 地址，登录界面。用户类型选择“出口商”。

其次，进入“交易中心”界面，点击“外汇管理局”建筑物，进入“外汇管理局”界面（如图 11-1 所示）。

出口商在报关前，必须先到外汇管理局进行核销单的报关前备案。一张核销单只能对应一张出口报关单。未进行报关前备案的核销单不能用于出口报关。

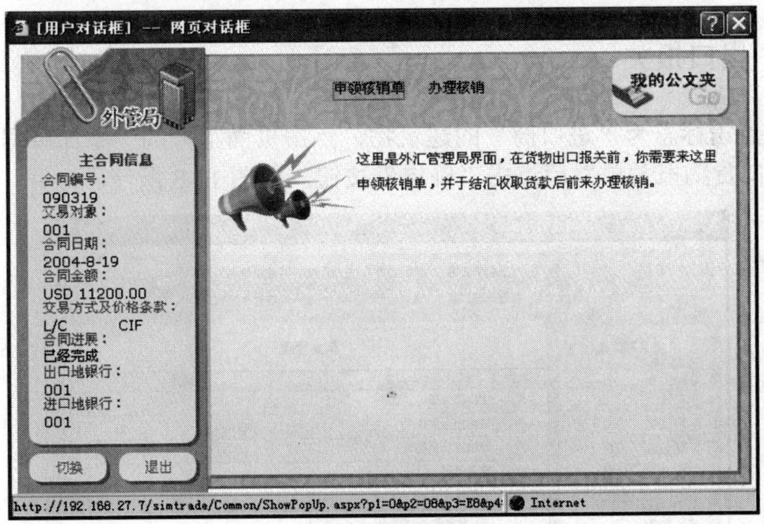

图 11-1

11.4.1　核销单备案

（1）进入“单证中心”页面，选择合同号，点击页面下方的“添加单据”按钮，选择“核销单”后点击“确定”按钮。

（2）点击标志为“进口商”的建筑物，然后点击“查看单据列表”按钮（如图11-2 所示），再点击“出口收汇核销单”按钮，填写内容后点下方的“保存”按钮。其中红色的部分必须要填写，不会填写的部分可点击加下划线的项目查看有关解释。

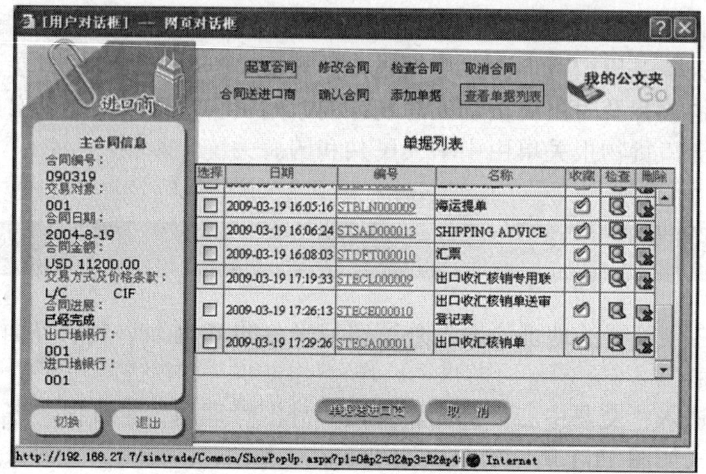

图 11-2

（3）点击页面左边的“检查”按钮，查看单据填写是否正确。

11.4.2 出口报关

（1）点击标志为“进口商”的建筑物，点击页面上方的“添加单据”按钮，选择“出口货物报关单”后点击“确定”按钮，如图 11-3 所示。

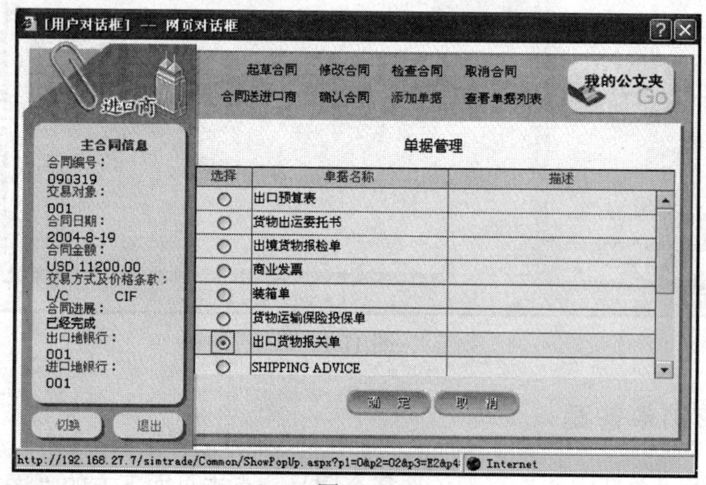

图 11-3

（2）点击“查看单据列表”按钮，再点击“出口货物报关单”按钮（如图 11-4

所示)，填写内容后点击下方的“保存”按钮。其中红色的部分必须要填写，不会填写的部分可点击加下划线的项目查看有关解释。

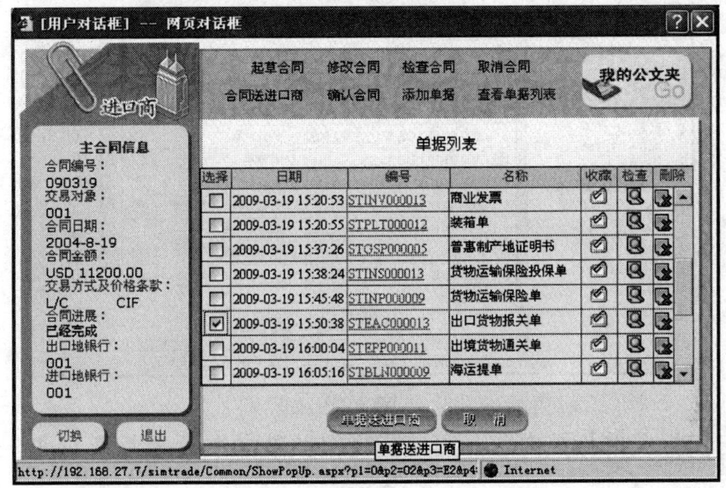

图 11-4

（3）点击“检查单据”按钮，查看单据填写是否有误。若检查结果显示有错误，请重复步骤（2）。

（4）进入“业务中心”页面，点击标志为“海关”的建筑物，再点击“备案”及“送货”按钮，查看情况，如图 11-5 所示。

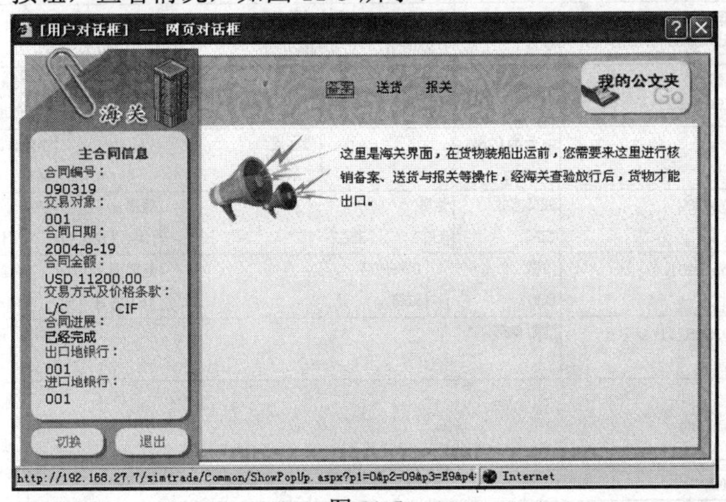

图 11-5

（5）点页面上方的“报关”按钮，选择“出境货物报检单”、“商业发票”、“装箱单”、“出口货物报关单”及“出境货物通关单”，再点击“报关”按钮，完成出口报关，如图 11-6 所示。

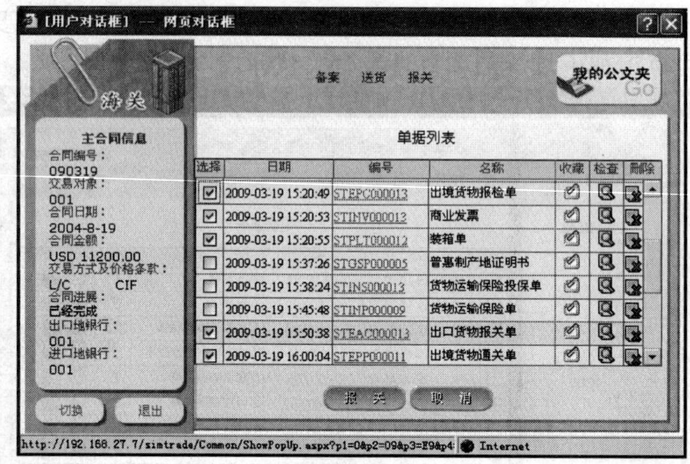

图 11-6

填写出口报关单相关内容，出口货物报关单样本请参考表 11-1。

表 11-1

中华人民共和国海关出口货物报关单

预录入编号： 海关编号：

出口口岸 南京海关		备案号		出口日期 2004-09-10	申报日期 2004-09-09
经营单位 宏昌国际股份有限公司 3201965036		运输方式 江海运输	运输工具名称 Zaandam		提运单号
发货单位 宏昌国际股份有限公司 3201965036		贸易方式 一般贸易		征免性质 一般征税	结汇方式 信用证
许可证号	运抵国（地区） Canada		指运港 Toronto		境内货源地 南京
批准文号 007099902	成交方式 CIF	运费 [USD] [3582]		保费 [USD][108.4;]	杂费 [ ] [ ]
合同协议号 Contract01	件数 800	包装种类 纸箱		毛重(公斤) 16156.8	净重(公斤) 14688
集装箱号 TBXU3605231*1	随附单据				生产厂家

标记唛码及备注

CANNED SWEET CORN
CANADA
C/NO.1-800
MADE IN CHINA

选择	项号	商品编号	商品名称、规格型号	数量及单位	最终目的国(地区)	单价	总价	币制	征免
○	1	20058000	甜玉米罐头每箱6罐，每罐3060克	800CARTON	加拿大	14	11200	USD	一般征税

续表

<table>
<tr><td colspan="3" align="right">[添 加][修 改][删 除]</td></tr>
<tr><td colspan="3">税费征收情况</td></tr>
<tr><td>录入员 录入单位</td><td rowspan="3">兹声明以上申报无讹并承担法律责任

申报单位（签章）

填制日期　2004-09-10</td><td>海关审单批注及放行日期(签章)</td></tr>
<tr><td rowspan="2">报关员 刘铭华

单位地址　南京市北京西路嘉发大厦2501室

邮编 210005　　电话 86-25-235012</td><td>审单　　审价
征税　　统计</td></tr>
<tr><td>查验　　放行</td></tr>
</table>

注意：报关完成以后，海关将退回报关单（出口退税联）和加盖海关验讫章的核销单，这两张单据将在收汇、核销、退税时使用。

11.4.3　装船出运

（1）在“业务中心”页面上，点击标志为“船公司”的建筑物。

（2）点击页面下方的“装船出运”项，选择合同号，点击“下一步”按钮，完成装船出运外运。公司签发“海运提单”，到“查看单据列表”页面中可查看海运提单，但出口商不能修改该提单。

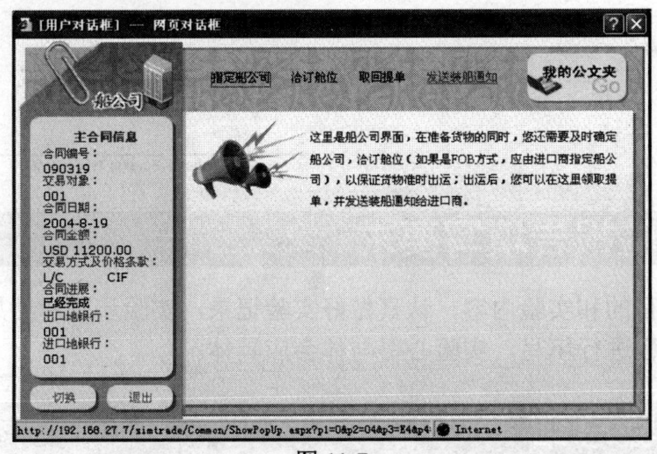

图 11-7

（3）发送装船通知（注：在 FOB、CFR 条件下要做此操作，在 CIF 条件下可

省略此步骤)。点击标志为“进口商”的建筑物。再点击页面上方的“发送装船通知”按钮，选择合同号，输入标题及说明内容后点击“下一步”按钮，完成装船通知的发送，如图 11-7 所示。

装船通知样本请参考表 11-2。

表 11-2

SHIPPING ADVICE

Messrs.
Carters Trading Company, LLC
P.O.Box8935,New Terminal, Lata. Vista, Ottawa, Canada

Invoice No. STINV000001
Date: 2004-09-10

Particulars

1.L/C No. STLCN000001

2.Purchase order No. Contract01

3.Vessel: Zaandam

4.Port of Loading: Nanjing

5.Port of Dischagre: Toronto

6.On Board Date: 2004-09-10

7.Estimated Time of Arrival: 2004-09-22

8.Container: 20' X 1

9.Freight: [USD] [3582]

10.Description of Goods:
CANNED SWEET CORN
3060Gx6TINS/CTN

11.Quantity:[800] [CARTON]

12.Invoice Total Amount: [USD] [11200]

Documents enclosed

1.Commercial Invoice: 1

2.Packing List: 1

3.Bill of Lading: 1(Duplicate)

4.Insurance Policy: 1(Duplicate) 2 Copies

Very truly yours, GRAND WESTERN FOODS CORP.
Minghua liu

Manager of Foreign Trade Dept.

11.5 实验报告填写要求

根据实验目的和实验内容，认真做好实验记录，实验步骤和结果应根据实验的实际操作过程进行填写，实验心得与体会应具体。

11.6 实验总结

结合本次实验，总结外贸交易报关工作及其操作过程，掌握报关的操作技巧，并认真写出实验报告。

第 12 章

实验十　议付单据的制作

12.1　实验目的

议付单据的制作是整个进出口贸易流程中至关重要的一环。只有正确缮制议付单据，才能保证结汇工作顺利进行，从而实现买卖双方的交易目的。本实验的目的主要是要求学生学会缮制信用证规定的相关单据，掌握出口结汇单据中的商业汇票、原产地证的制作方法，掌握上述两种单据的结构与内容，并能完成审单工作，满足结汇的需要。

12.2　实验准备

学生应了解 UCP600 对商业汇票制作的要求，了解发票、装运通知等商业单据的内容及填制要领，保证单据内容之间相互协调，符合贸易合同及信用证的相应规定。

（1）了解议付单据的概念及基本种类；

（2）了解制作议付单据的基本要求；

（3）掌握汇票的填制要领；

（4）掌握原产地证的填制要求；

（5）掌握审单的基本原则和要点。

12.3　实验内容

（1）学习关于商业汇票的基本知识，熟悉商业汇票的格式，掌握商业汇票的填制要领，并根据贸易合同及信用证的要求，完成对商业汇票的填制；

（2）学习关于原产地证的基本知识，了解原产地证的格式，掌握原产地证的填制要领，并根据贸易合同及信用证的要求，完成对原产地证的填制；

（3）根据合同或信用证的要求，完成审单工作，务必实现“单单相符，单证相符”。

12.4 实验步骤

议付单据是指在国际贸易结算中，为解决货币收付问题所使用的各种单据及证明。议付单据是出口贸易中必不可少的重要单证。出口货物装运之后，出口方应按贸易合同或信用证的要求，正确缮制各种单证，并在信用证规定的有效时间内，送交银行议付和结汇，从而完成出口任务。

议付单证大致可分为以下七类：

第一，用以结汇的金融单证，主要指商业汇票；

第二，表明货已按合同或信用证要求售予买方的单证，如商业发票；

第三，表明货已发运的单证，如提单、装船通知等；

第四，表明货物已保险的单证，如保险单、凭证等；

第五，商检单证。如质量、重量、数量证明书，卫生检验证书，价值证明书，产地证，消毒证书，熏蒸证明等；

第六，受益人证明、申明等；

第七，表明货物品质的单证，如由中华人民共和国国家质量监督检验检疫部门签发的品质检验证书。

出口货物装运之后，出口商应按照外销合同或信用证的规定，正确制作、备齐各种单据。由于在报检、保险、报关、出运阶段，出口商已完成部分单据的缮制和准备（例如：商业发票、装箱单、检验证明、保险单、海运提单），剩下要准备的议付单据主要是汇票和原产地证，本实验中制作的议付单据主要是指上述两种单据。

在议付单据的制作过程中，主要涉及出口商的操作，实验步骤如下。

（1）进入“出口商”界面，在“业务中心”页面中点击标志为“进口商”的建筑物，在“添加单据”页面中添加“普惠制产地证明书”（产地证的种类按照信用证的要求选择），如图 12-1 所示。

普惠制原产地证是原产地证的一种。原产地证（Certificate of Origin）是证明中国出口货物符合我国出口货物原产地规则，货物确系中国原产地的证明文件，是过关、结汇进行贸易统计的重要文件。根据规定，一般原产地证明书既可以向出入境检验检疫局申领，也可向贸促会申领。通常由出口商填制，经签订机构认可盖章后即成为正式文件。原产地证分为一般原产地证和普惠制原产地证两种，都是用来证明商品原产国别的证书，后者在出口到给予普惠制国家时使用。

图 12-1

提高单证质量，对保证安全迅速收汇有着十分重要的意义，特别是在信用证付款条件下，实行的是单据和货款对流的原则，如果单证不相符、单单不一致，银行和进口商就可能拒收单据和拒付货款。因此，在缮制结汇单据包括原产地证时，要求做到以下几点：

第一，单据内容必须正确，既要符合信用证的要求，又要能反映货物的实际情况，且各单据的内容不能相互矛盾；

第二，单据份数应符合信用证的规定，不能缺少；单据本身的内容应当完备，不能出现项目短缺的情况；

第三，制单应及时，以免错过交单日期或信用证有效期；

第四，单据内容应按信用证要求和国际惯例填写，力求简明，切勿加列不必要的内容；

第五，单据的布局要美观大方，缮写或打印的字迹要清楚醒目，不宜轻易列改，尤其对金额、件数、重量等，更不宜改动。

普惠制产地证明书的填写可参考下面样本，如表 12-1 所示。

表 12-1

ORIGINAL

1.Goods consigned from (Exporter's business name, address, country) GRAND WESTERN FOODS CORP. Room2501,Jiafa Mansion, Beijing West road, Nanjing 210005, P.R.China	Reference No. STGSP000001 **GENERALIZED SYSTEM OF PREFERENCES** **CERTIFICATE OF ORIGIN** (Combined declaration and certificate) **FORM A**
2.Goods consigned to (Consignee's name, address, country) Carters Trading Company, LLC P.O.Box8935,New Terminal, Lata. Vista, Ottawa, Canada	Issued in **THE PEOPLE'S REPUBLIC OF CHINA** (country)

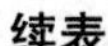
续表

3.Means of transport and route (as far as known)	4.For official use
From Nanjing to Toronto On Sep. 10, 2004 By Vessel.	

Choice	Item number	6.Marks and numbers of packages	7.Number and kind of packages; description of goods	8.Origin criterion (see Notes overleaf)	9.Gross weight or other quantity	10.Number and date of invoices
○	1	CANNED SWEET CORN CANADA C/NO.1-800 MADE IN CHINA	800 CARTONS (EIGHT HUNDRED CARTONS ONLY) OF CANNED SWEET CORN 3060Gx6TINS/CTN	"P"	16156.8KGS	STINV000001 Aug 20, 2004

[添 加][修 改][删 除]

11.Declaration by the exporter	12.Certification
It is hereby certified, on the basis of control carried out, that the declaration by the exporter is correct.	**The undersigned hereby declares that the above details and statements are correct, that all the goods were** produced in CHINA (country) and that they comply with the origin requirements specified for those goods in the Generalized System of Preferences for goods exported to CANADA (importing country) NANJING, JIANGSU AUG. 25, 2004
Place and date, signature and stamp of certifying authority	**Place and date, signature and stamp of authorized signatory**

（2）填写完成后点击“保存”按钮，返回到“业务中心”页面，点击“检验机构”，再点击“申请产地证”（如图 12-2 所示）。

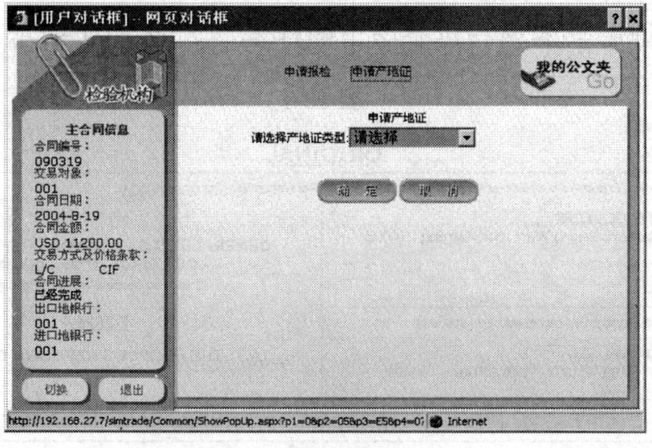

图 12-2

（3）选择产地证类型为“普惠制产地证明书”，然后点击“确定”按钮，即完成产地证的申请（如图 12-3 所示）。

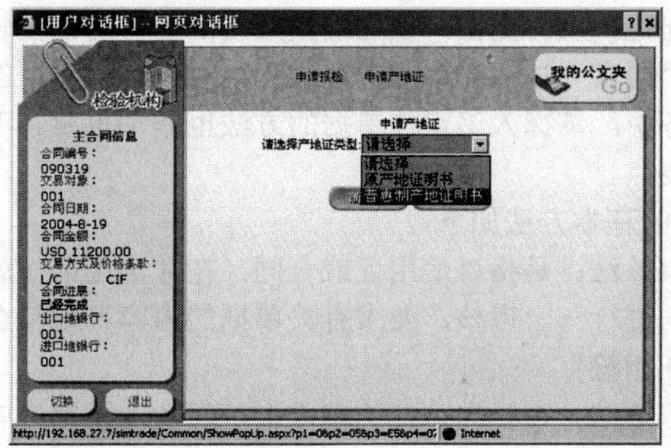

图 12-3

（4）进入“出口商”界面，在“业务中心”页面中点击标志为“进口商”的建筑物，在“添加单据”页面中添加“汇票”，如图 12-4 所示。

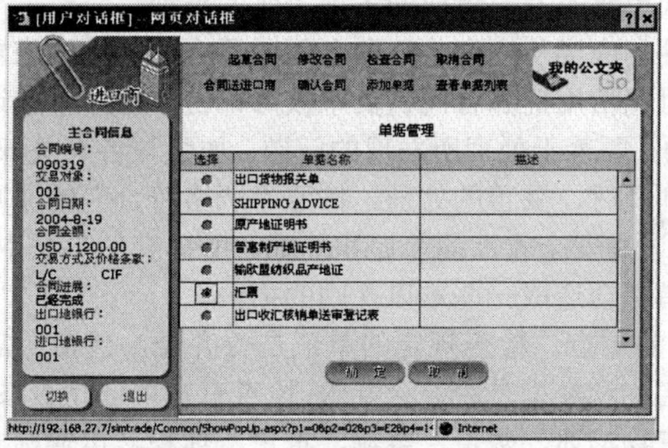

图 12-4

（5）填写汇票内容，然后点击下方的“保存”按钮。

汇票内容的填写可参考下面样本，如图 12-5 所示。

BILL OF EXCHANGE

No. STDFT000001　　　　Dated 2004-08-30

Exchange for USD　11200

At ---　Sight of this FIRST of Exchange

(Second of exchange being unpaid)

Pay to the Order of Nanjing Commercial Bank

the sum of U.S.DOLLARS NINE THOUSAND SIX HUNDRED ONLY

Drawn under L/C No. STLCN000001　　　　Dated 2004-08-20

Issued by THE CHARTERED BANK

To Carters Trading Company, LLC
P.O.Box8935,New Terminal, Lata. Vista, Ottawa,
Canada

GRAND WESTERN FOODS CORP.

(Authorized Signature)

图 12-5

(6) 审单。单证的审核是对已经缮制、备妥的单据对照信用证（在信用证付款情况下）或合同（非信用证付款方式）的有关内容进行单单、单证的及时的检查和核对，发现问题，及时更正，以达到安全收汇的目的。在软件中，可以通过使用单据后面的“检查”按钮对单证内容进行核对，确认单据的填写是否能够通过。同时，在实务中，掌握人工审核单据的方法也非常重要。下面简要介绍人工审核单证的基本要点。

1）单证审核的基本方法如下。

第一，纵向审核法。是指以信用证或合同（在非信用证付款条件下）为基础对规定的各项单据进行一一审核，要求有关单据的内容严格符合信用证或合同的规定，做到“单证相符”。

第二，横向审核法。在纵向审核的基础上，以商业发票为中心审核其他规定的单据，使有关的内容相互一致，做到“单单相符”。

2）单证审核的基本要求如下。

第一，及时性。及时审核有关单据可以及时发现一些单据上的差错，及时更正，有效地避免因审核不及时造成的各项工作的被动。

第二，全面性。应当从安全收汇和全面履行合同的高度来重视单据的审核工作。一方面，应对照信用证和合同认真审核每一份单证，不放过任何一个不符合的地方；另一方面，要善于处理所发现的问题，加强与各有关部门的联系和沟通，使发现的问题得到及时、妥善的处理。按照“严格符合”的原则，做到“单单相符，单证相符”，这是安全收汇的前提和基础，所提交的单据中存在的任何不符，哪怕是细小的差错都会造成一些难以挽回的损失。

3）单据审核的重点。检查规定的单证是否齐全，包括所需单证的份数；检查所提供的文件名称和类型是否符合要求；检查有些单证是否按规定进行了认证；检查单证之间的货物描述、数量、金额、重量、体积、运输标志等是否一致；检查单证出具或提交的日期是否符合要求。

4）常见差错。汇票大、小写金额写错；汇票的付款人名称、地址写错；发票的抬头人写错；有关单据如汇票、发票、保险单等的币制名称不一致或不符合信用证的规定；发票上的货物描述不符合信用证的规定；多装或少装；有关单据的类型不符合信用证的要求；单单之间商品名称、数量、件数、唛头、毛净重等不一致；应提交的单据不全或份数不足；未按信用证要求对有关单据如发票、产地证等进行认证；漏签字或盖章；汇票、运输提单、保险单据上未按要求进行背书；逾期装运；逾期交单。

5）问题单据的具体处理。对有问题的单据必须进行及时更正和修正，否则将影响安全收汇。在规定的有效期和交单期内，将有问题的单据全部改妥。有些单据由于种种原因不能按期更改或无法修改，可以向银行出具一份保函（通常称为担保书)，保函中交单人要求银行向开证行寄单并承诺如果买方不接受单据或不付款，银行有权收回已偿付给交单人的款项。对此银行方面可能会接受，不过最好不要这样做，因为出具保函后，收不到货款的风险依然存在，同时还要承担由此产生的其他费用。交单人向银行出具保函一般应事先与客户联系并取得客户接受不符单据的确认文件。

此外，还可以改以托收方式。由于单据中存在不符点，原先信用证项下的银行信用已经变为商业信用，如果客户信用较好且急需有关文件提取货物，为减少一些中间环节，可采用托收方式。

上述各项措施主要是在有效控制货物所有权的前提下，以积极、稳妥的方式处理不符合有关规定的单据，避免货款两空的情况发生。因为只要掌握了代表物权的运输单据，买方就不能提取货物。如果买方仍然需要这批货物，那么买方也会接受有不符点的单据。这里切记的是，不符单据是有很大风险的，接受与否完全取决于买方。

12.5　实验报告填写要求

（1）写明实验日期；

（2）根据实验目的和实验内容，认真做好实验记录，实验步骤和结果应根据实验的实际操作过程进行填写，实验心得与体会应具体；

（3）填写实验报告要字迹工整。

12.6　实验总结

通过本实验，掌握信用证要求的各种议付单据的内容、结构及填制要领，独立完成各议付单据的制作，满足结汇工作的需要。

第13章

实验十一　结汇

13.1　实验目的

在本实验中，要求学生在完成货物的装运，妥善填制各种结汇单证之后，熟悉信用证方式下的出口结汇及应提交的单据，熟悉汇付方式下或托收方式下的出口结汇，掌握信用证方式下、托收方式下和汇付方式下出口结汇的模拟操作，了解我国出口结汇的相关规定。

13.2　实验准备

（1）了解结汇的基本概念。

（2）掌握结汇要求。

（3）了解我国的主要结汇方式。

（4）了解主要的货款支付方式。

13.3　实验内容

（1）学习我国关于出口结汇的相关规定。

（2）汇付、托收、信用证三种支付方式下的交单。

（3）汇付、托收、信用证三种支付方式下的结汇办理。

13.4　实验步骤

结汇指外汇收款人将外汇卖给银行，银行按照外币的汇率支付等值的人民币。凡未规定或未经核准可以保留现汇的经常项目项下的外汇收入必须办理结汇；凡未规定或未经核准结汇的资本项目项下的外汇收入不得办理结汇。境内机构必须对其外汇收入区分经常项目与资本项目；银行按照外汇收入不同性质按规定分

别办理结汇或入账手续。凡无法证明属于经常项目的外汇收入，均应按照资本项目外汇结汇的有关规定办理。

在我国，出口结汇方式主要有以下三种：

1．收妥结汇

又称收妥付款，是指议付行收到外贸公司的出口单据后，经审查无误，将单据寄交国外付款行索取货款，待收到付款行将货款拨入议付行账户的“贷记通知书”（credit note）时，即按当日外汇牌价，折成人民币给外贸公司。国内银行在审单无误后，将全套单据寄交信用证规定的付款行，待收到对方付款后，再对出口企业付款。在这种方式下，银行不承担风险，不垫付资金，出口企业收汇较慢。

2．定期结汇

定期结汇是指议付行根据向国外付款行索偿所需时间，预先确定一个固定的结汇期限，到期后主动将票款金额折成人民币拨交外贸公司。

3．出口押汇

又称买单结汇，是指议付行在审单无误的情况下，按信用证条款买入受益人（外贸公司）的汇票和单据，从票面金额中扣除从议付日到估计收到票款之日的利息，将余款按议付日外汇牌价折成人民币，拨交外贸公司。议付行在向受益人垫付资金，买入跟单汇票后，即成为汇票持有人，可凭票向付款行索取票款。银行做出口押汇，是为了使外贸公司资金融通，有利于外贸公司的资金周转。

除上述三种主要方式之外，还有一种结汇方式，称为“打包放款”。打包放款（packing finance）又称信用证抵押贷款，是指出口商收到境外开来的信用证，在采购或生产这笔信用证有关的出口商品时资金出现短缺，用该笔信用证作为抵押，向银行申请本、外币流动资金贷款，用于出口货物在进行加工、包装及运输过程中出现的资金缺口。

出口货物经装运之后，出口商应按照外销合同或信用证的规定，正确制作、备齐各种单据。此外，对于不同的付款（结汇）方式，交单的对象也不同。在 L/C、D/P、D/A 方式下，出口商向银行交单，在 T/T 方式下，出口商直接将单据寄给进口商。具体来说，按信用证（L/C）方式成交时，货物在装船出运之后，出口商应按照信用证规定，及时备妥缮制单证，并在信用证规定的交单有效期内交银行办理议付、结汇手续；按托收（D/A、D/P）方式成交时，出口商应按照合同条款规定备妥缮制单证，交银行办理结汇手续；按汇付（T/T、M/T、D/D）方式成交时，出口商应按照合同条款规定备妥缮制单证，交寄给进口商，最后到银行办理结汇手续。以下以 L/C+CIF 为例来说明出口结汇的过程。

1．出口商押汇

进入“出口商”页面，点击“业务中心”按钮，然后点击“出口地银行”按钮，再点击“押汇”按钮，选中“商业发票”、“装箱单”、“普惠制产地证明书”、

"货物运输保险单"（CIF 条件时）、"海运提单"、"汇票"前的复选框，点击"押汇"按钮，完成押汇手续的办理，如图 13-1 所示。

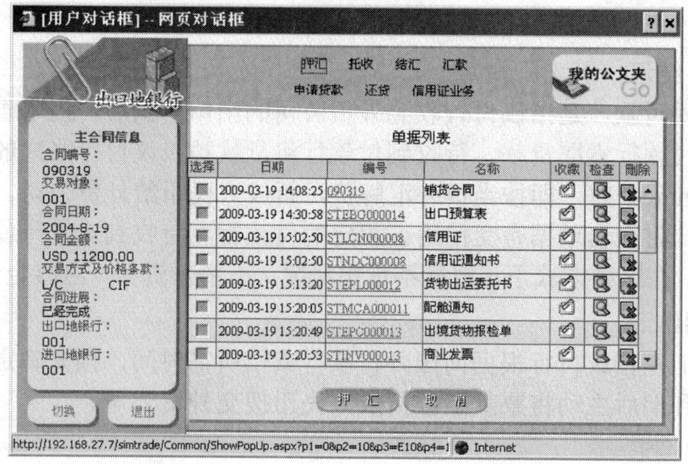

图 13-1

2．出口地银行通知

进入"出口地银行"页面，收取"单据已到达"的通知邮件，点击"结汇单据"按钮，选中合同，分别检查单据，如检查无误，再点击"送进口地银行"按钮，如图 13-2 所示。

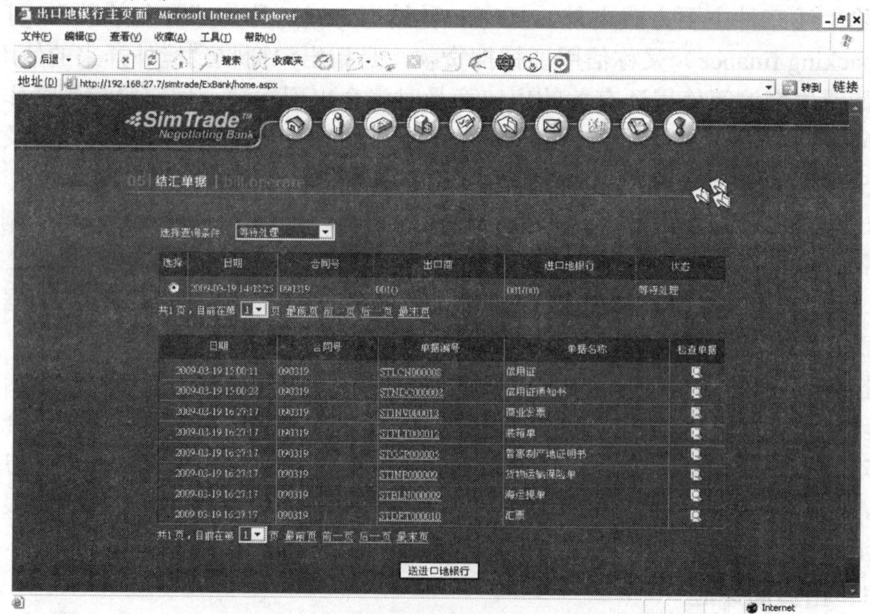

图 13-2

3．进口地银行通知

进入“进口地银行”页面，收取“单据已到达”的通知邮件。点击“结汇单据”按钮，选中合同前的单选钮，点击“检查单据”按钮，如单据检查无误，再点击“通知进口商”按钮，如图 13-3 所示。

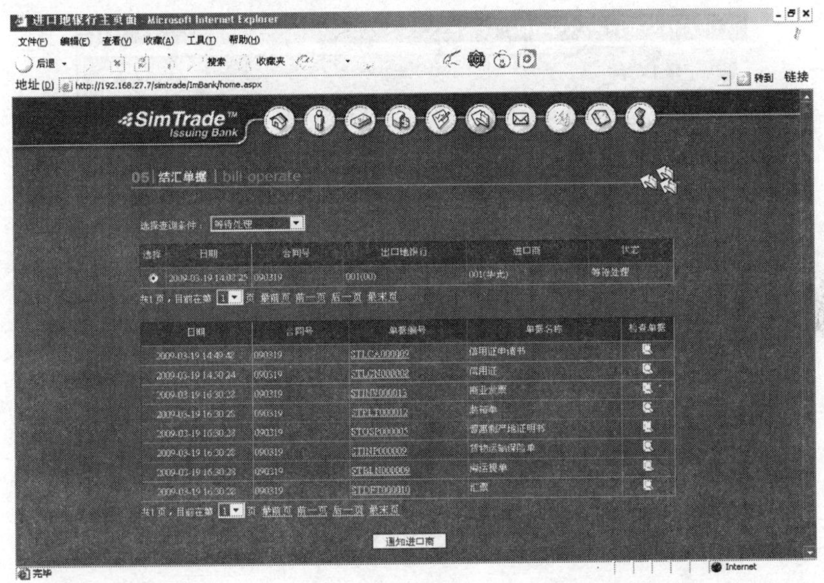

图 13-3

4．进口商付款

进入“进口商”页面，收取“单据到达”的通知邮件。返回到“业务中心”页面，点击“进口地银行”按钮，再点击“付款”按钮，支付货款，如图 13-4 所示。

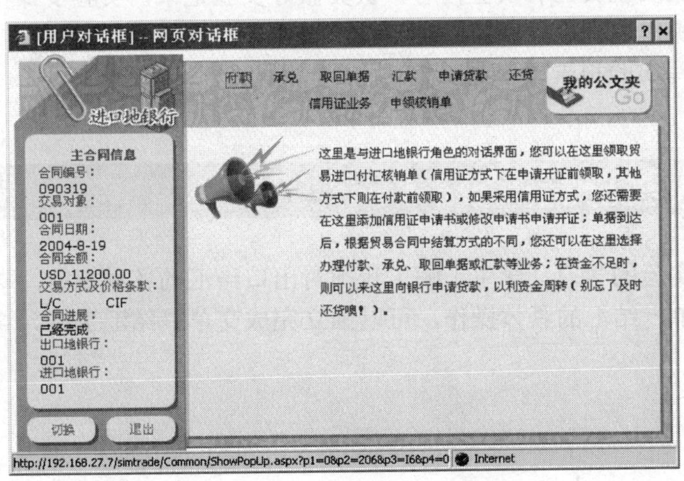

图 13-4

5．出口商结汇

进入“出口商”页面，收取银行发来的“可以结汇”的通知邮件。在“业务中心”里点击“出口地银行”按钮，再点击“结汇”按钮，结收货款，同时银行签发“出口收汇核销专用联”，用以出口核销，如图 13-5 所示。

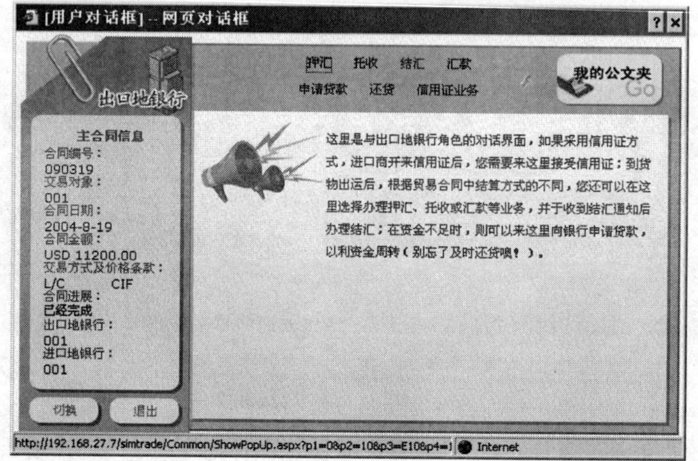

图 13-5

13.5 实验报告填写要求

（1）写明实验日期；

（2）根据实验目的和实验内容，认真做好实验记录，实验步骤和结果应根据实验的实际操作过程进行填写，实验心得与体会应具体；

（3）填写实验报告要字迹工整。

13.6 实验总结

通过本实验的学习，学生了解了我国对出口结汇的各种规定，掌握了三种支付方式下交单、结汇的具体操作，可以独立完成交单、结汇工作。

第 14 章

实验十二　核销、退税与索赔

14.1 实验目的

本实验要求学生掌握在货物出口结关后，如何办理出口核销和退税手续。学生应了解出口收汇核销的主要法规，明确出口收汇核销的流程及其作用，掌握出口收汇核销单的申领及其使用流程，正确填制出口收汇核销单；明确出口退税的流程、作用及原则，熟悉出口退税的企业范围及货物范围，掌握出口退税的计算方法；独立完成出口收汇核销及出口退税工作；明确索赔的责任认定及办理程序。

14.2 实验准备

（1）掌握出口收汇核销的含义、特点、对象、原则及程序。

（2）掌握出口退税的含义、作用、范围及一般程序。

（3）掌握索赔的基本要求。

14.3 实验内容

（1）学习出口退税联和外汇核销联的申请，并正确填制。

（2）掌握出口收汇核销的法规、原则、对象、范围、业务流程，独立办理出口收汇核销手续。

（3）掌握出口退税的原则、范围、流程、作用、计算方法，独立办理出口退税手续。

（4）掌握索赔的责任划分，独立完成索赔工作。

14.4 实验步骤

出口收汇核销，是指国家外汇管理部门根据国家外汇管理的要求，通过海关对出口货物的监管，对出口单位的收汇是否结给国家的一种管理制度。它是国家

加强出口收汇管理，确保国家外汇收入，防止外汇流失的一项重要措施。我国主管出口收汇核销的部门是出口企业所在地的外汇管理局。出口收汇核销具有以核销单为核心、以事后核销为基调、以全方位为范畴、以增收汇为宗旨等特点。

出口收汇核销原则有四个：第一，属地原则。即由出口单位向其所在地的外汇管理部门办理注册备案，申领核销单，一般在何地申请核销单，就在何地办理核销手续；第二，专单专用。即谁申领的核销单就由谁使用，不得相互借用，核销单的交回、核销或遗失作废、注销等手续也由原领用核销单的出口单位向其所在地的外汇管理部门办理；第三，领用衔接。核销单的发放，一般按多用多发、不用不发的原则；第四，单单相应。原则上一份核销单对应单位的一份报关单，以及与该报关单及核销单所附发票等有关栏目的内容相一致，如有变动，应附有关的更改单或更改凭证。

出口产品退（免）税，简称出口退税，其基本含义是指对出口产品退还其在国内生产和流通环节实际缴纳的产品税、增值税、营业税和特别消费税。出口产品退税制度，是一个国家税收的重要组成部分。出口退税主要是通过退还出口产品的国内已纳税款来平衡国内产品的税收负担，使本国产品以不含税成本进入国际市场，与国外产品在同等条件下进行竞争，从而增强竞争能力，扩大出口创汇。

安全收汇后，出口商要先到外汇管理局办理核销手续，继而到国税局办理退税手续。具体实验步骤如下：

1．出口商申领核销单

进入“出口商”页面，点击“业务中心”按钮，再点击“进口商”按钮，在“添加单据”中添加“出口收汇核销单送审登记表”，填写完整，如图 14-1 所示。

图 14-1

出口收汇核销单送审登记表的填写可参考以下样本，如表 14-1 所示。

表 14-1

出口收汇核销单送审登记表

出口单位：宏昌国际股份有限公司　　　　送审日期：2004 年 10 月 12 日

核销单编号	发票编号	商品大类	国别地区	贸易方式	结算方式	报关日期	货款			收汇核销金额
							币别	报关金额	FOB金额	
STECA000001	STINV0000	食品	Canada	一般贸易	L/C	2004-09-10	USD	11200	7509.58	[USD] [11200]

第一联　外汇局留存

出口单位填表人：刘铭华　　　外汇局审核人：

2．出口商核销

返回到“业务中心”页面，点击“外管局”按钮，再点击“办理核销”按钮，选中“商业发票”、“出口货物报关单”、“出口收汇核销单”、“出口收汇核销专用联”、“出口收汇核销单送审登记表”前的复选框，点击“核销”按钮（如图 14-2 所示），即完成核销手续的办理，同时外管局盖章后返还出口收汇核销单第三联，用以出口退税。

出口收汇核销的单位为出口单位，指经商务部及其授权单位批准的有出口业务经营权的公司、有对外贸易经营权的企业和外商投资企业。出口收汇核销的范围应按国家规定，除经批准外，一切出口贸易项下的出口收汇均应办理出口收汇核销手续。另外，援外项目物资、捐赠、暂时出口、样品、广告品等非贸易性的货物出口，无需凭核销单办理报关手续。

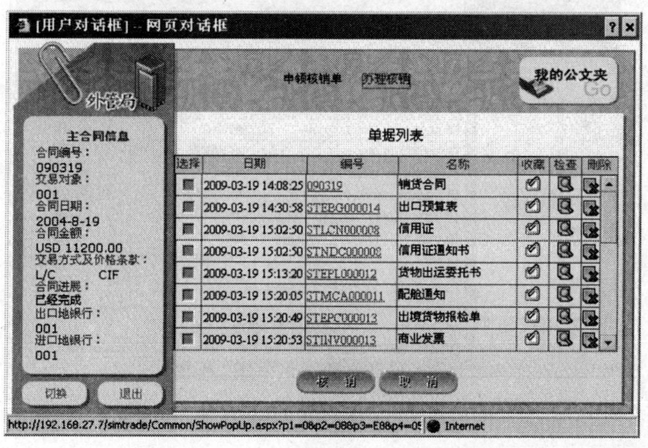

图 14-2

3．出口商出口退税

进入“出口商”页面，点击“业务中心”按钮，然后点击“国税局”按钮，再

点击“退税”按钮，选中“商业发票”、“出口货物报关单”、“出口收汇核销单（第三联）”前的复选框，点击“退税”按钮，即完成退税手续的办理（如图 14-3 所示）。至此，出口商该笔交易完成，可在“财务”页面中查看日记账。

我国出口的产品，凡属于已征或应征产品税、增值税和特别消费税的产品，除国家明确规定不予退还已征税款或免征应征税款以外，一般应具备以下三个条件：必须是属于产品税、增值税和特别消费税范围内的产品；必须报关离境；必须在财务上做出口销售。

一般来说，出口产品只有在同时具备上述三个条件的情况下才予以退税。但是国家对退税的产品也做了特殊规定，特准某些产品视同出口产品予以退税。

特准退税的产品主要有：外轮供应公司销售给外轮、远洋货轮和海员的产品；对外修理、修配业务中所使用的零配件和原材料；对外承包工程公司购买国内企业生产的、专门用于对外承包项目的机械设备和原材料，在运出境外后，凭承包单位出具的购货发票、报关单办理退税；国际招标、国内中标的机电产品。

国家同时也明确规定了少数出口产品即使具备上述三个条件，也不予以退税。国家明确不予退税的出口产品有：出口的原油；援外出口产品；国家禁止出口的产品；出口企业收购出口外商投资企业生产的产品；来料加工、来料装配的出口产品；军需工厂销售给军队系统的出口产品；军工系统出口的企业范围；对钻石加工企业用国产或进口原钻石加工的钻石直接出口或销售给外贸企业出口；齐鲁、扬子、大庆三大乙烯工程生产的产品；未含税的产品；个人在国内购买、自带出境的商品暂不退税。

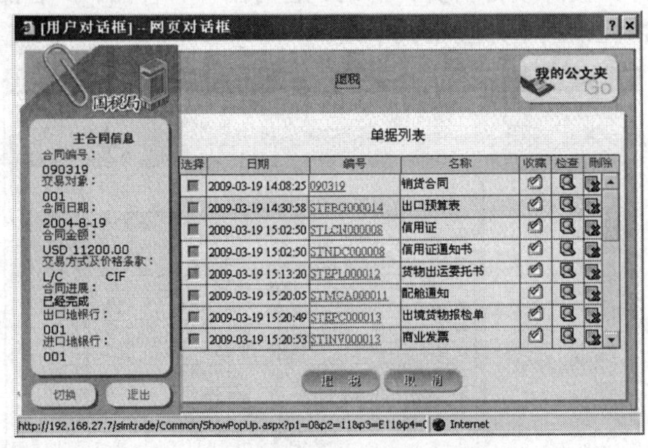

图 14-3

4．索赔

由于国际货物买卖涉及面广，环节多，手续繁杂，各方面的原因造成的索赔情况时有发生。在实际业务中，如果出现索赔事故，索赔的对象即责任方可能不

仅限于买卖双方，有时还会涉及其他当事人，如承运人、保险公司等。一旦发生索赔事故，首先要弄清事实，在分清责任的前提下，才能向有关责任方提出索赔要求。如确实属于买方责任，进口商应实事求是地予以赔偿。对出口商提出的不合理要求，进口商必须根据可靠的资料以理拒绝。

在 SimTrade 中的货物损失属于实际全损，则是保险公司的责任，保险公司将赔付保险金额的全部。当货物发生意外，在 FOB、CFR 条件下，进口商可直接向保险公司提出索赔。在 CIF 条件下，进口商可联络出口商，向当地保险公司提出索赔。具体操作步骤如下：进入“进口商”页面，点击“业务中心”按钮，再点击标志为“保险公司”的建筑物。选择合同号后，点击“保险索赔”按钮（如图 14-4 所示），进入“财务状况”页面，在“当前余额”页面中，确认收入中是否有“保险费赔偿”项。

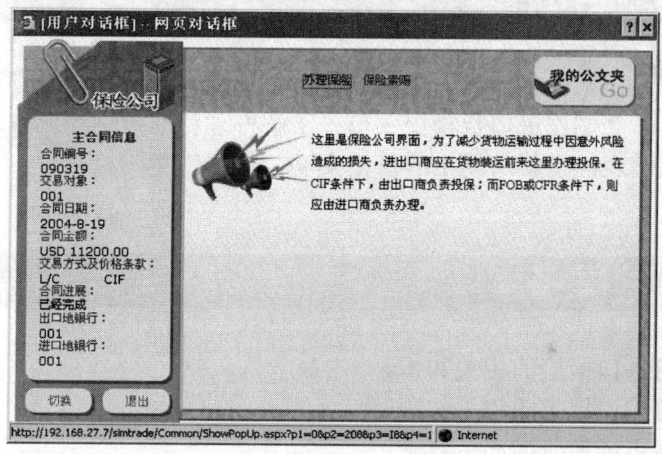

图 14-4

14.5　实验报告填写要求

（1）写明实验日期；

（2）根据实验目的和实验内容，认真做好实验记录，实验步骤和结果应根据实验的实际操作过程进行填写，实验心得与体会应具体；

（3）填写实验报告要字迹工整。

14.6　实验总结

通过对本实验的学习，学生掌握了我国关于出口收汇核销和出口退税的相关规定，了解索赔的基本知识，能够独立办理出口收汇核销、出口退税、索赔的相关手续。

第 15 章

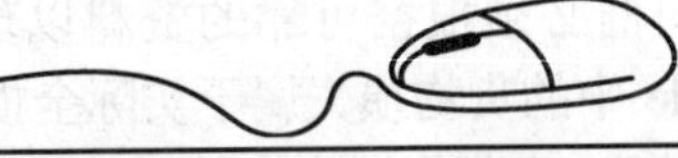

实验十三　进口商善后操作

15.1　实验目的

了解办理进口检验的流程，学会制作入境货物报检单；了解办理进口报关与提货的流程，学会制作进口货物报关单；了解办理付汇核销的流程，学会制作进口付汇到货核销表；了解市场上的价格变动，掌握销货时机。

15.2　实验准备

（1）复习进口报检的相关知识。
（2）复习进口报关的相关知识。
（3）掌握市场调研的相关要求。

15.3　实验内容

（1）填写相关单据，向检验机构办理进口检验手续。
（2）填写相关单据，向海关办理进口报关及提货手续。
（3）填写相关单据，向外管局办理付汇核销手续。
（4）进口商在市场上将货物售出，收回资金。

15.4　实验步骤

（1）进口商取回单据。从“进口商”页面进入“业务中心”页面，点击“进口地银行”按钮，再点击“取回单据”按钮，领取相关货运单据，如图 15-1 所示。

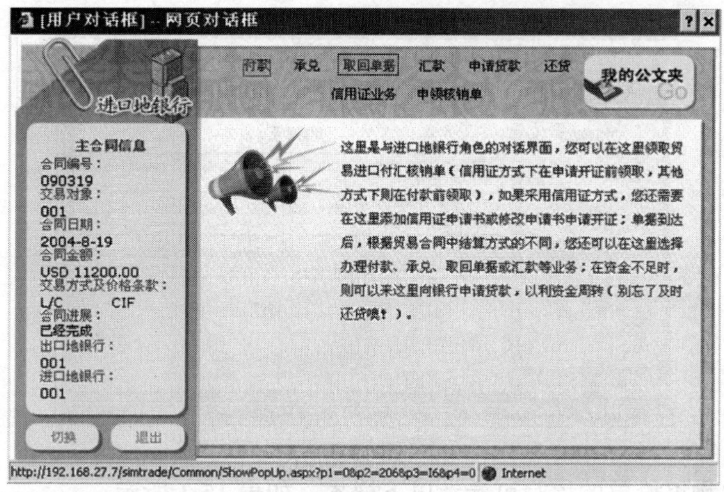

图 15-1

（2）进口商换提货单。从“进口商”页面进入“业务中心”页面，点击“船公司”按钮，再点击“换提货单”按钮（如图 15-2 所示）。

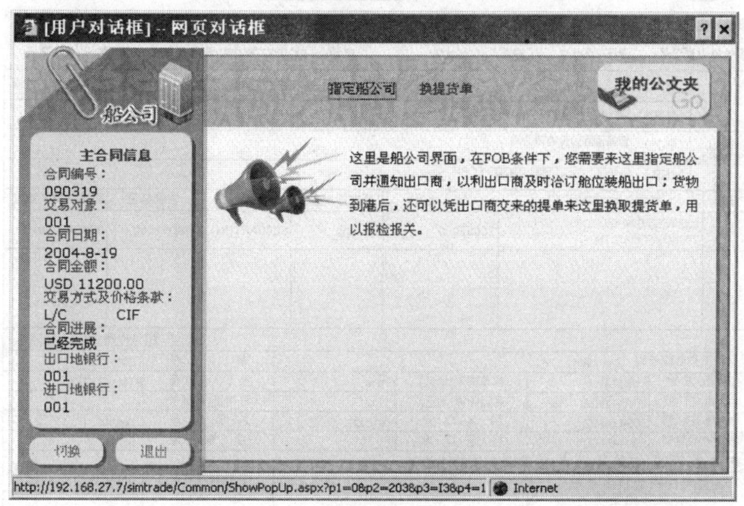

图 15-2

（3）进口商申领报检单（注：在 SimTrade 中，交易商品是否需要进口检验，须在淘金网的“税率查询”页面上，输入商品的海关编码进行查询，可查到相对应的监管条件，点击“代码”符号，各代码的意义均列其中。若适用规定为必须申请进口检验取得入境货物通关单者，则应依规定办理）。从“进口商”页面进入“业务中心”页面，点击“出口商”按钮，在“添加单据”中添加“入境货物报检单”，并填写完整，如图 15-3 所示。

[用户对话框] -- 网页对话框

起草合同 修改合同 检查合同 取消合同
合同送出口商 确认合同 添加单据 查看单据列表
我的公文夹 Go

出口商

主合同信息
合同编号：
090319
交易对象：
001
合同日期：
2004-8-19
合同金额：
USD 11200.00
交易方式及价格条款：
L/C CIF
合同进展：
已经完成
出口地银行：
001
进口地银行：
001

切换 退出

单据管理

选择	单据名称	描述
○	进口预算表	
○	货物运输保险投保单	
◉	入境货物报检单	
○	进口货物报关单	
○	进口付汇到货核销表	

确定 取消

http://192.168.27.7/simtrade/Common/ShowPopUp.aspx?p1=0&p2=202&p3=12&p4=1 Internet

图 15-3

入境货物报检单的填写可参考以下样本，如表 15-1 所示。

表 15-1

中华人民共和国出入境检验检疫

入境货物报检单

报检单位（加盖公章）： Carters Trading Company, LLC *编 号 STIPC000001

报检单位登记号： 36572596 联系人： Carter 电话： 001613789350 报检日期： 2005年 9 月 22 日

收货人	（中文）	企业性质(划"√")	□ 合资 □ 合作 □ 外资
	（外文） Carters Trading Company, LLC		
发货人	（中文） 宏昌国际股份有限公司		
	（外文） GRAND WESTERN FOODS CORP.		

选择	货物名称（中/外文）	H.S.编码	原产国(地区)	数/重量	货物总值	包装种类及数量
○	CANNED SWEET CORN 3060Gx6TINS/CTN	20058000	Nanjing	800CARTON	USD11200	800CARTON

[添 加] [修 改] [删 除]

运输工具名称号码	Zaandam			合 同 号	Contract01
贸 易 方 式	一般贸易	贸易国别(地区)	China	提单/运单号	STBLN000001
到 货 日 期	2005-09-22	启运国家(地区)	China	许可证/审批号	
卸 毕 日 期	2004-09-22	启 运 口 岸	Nanjing	入 境 口 岸	Toronto
索赔有效期至	2004-09-30	经 停 口 岸		目 的 地	
集装箱规格、数量及号码	TBXU3605231*1*20'				
合同订立的特殊条款以及其他要求				货物存放地点	
				用 途	

随附单据（划"√"或补填）		标记及号码	*外商投资财产(划"√") □ 是 □ 否	
☑合同	□到货通知	CANNED SWEET CORN CANADA C/NO.1-800 MADE IN CHINA	*检验检疫费	
☑发票	☑装箱单		总金额（人民币元）	
☑提/运单	□质保书			
□兽医卫生证书	□理货清单		计费人	
□植物检疫证书	□磅码单			
□动物检疫证书	□验收报告		收费人	
□卫生证书	□			
□原产地证	□			
□许可/审批文件	□			

报检人郑重声明： 1.本人被授权报检。 2.上列填写内容正确属实。 签名： Carter	领 取 证 单	
	日 期	
	签 名	

注：有"*"号栏由出入境检验检疫机关填写 ◆国家出入境检验检疫局制

[1-2 (2000.1.1)]

（4）进口商报检。返回到“业务中心”页面，点击“检验机构”按钮，再点击“申请报检”按钮，选择“销货合同”、“商业发票”、“装箱单”、“提货单”、“入境货物报检单”，然后点击“报检”按钮（如图 15-4 所示）。报检完成后，检验机构签发“入境货物通关单”，凭以报关。

图 15-4

（5）进口商申领报关单。从“进口商”页面进入“业务中心”页面，点击“出口商”按钮，在“添加单据”中添加“进口货物报关单”，并填写完整，如图 15-5 所示。

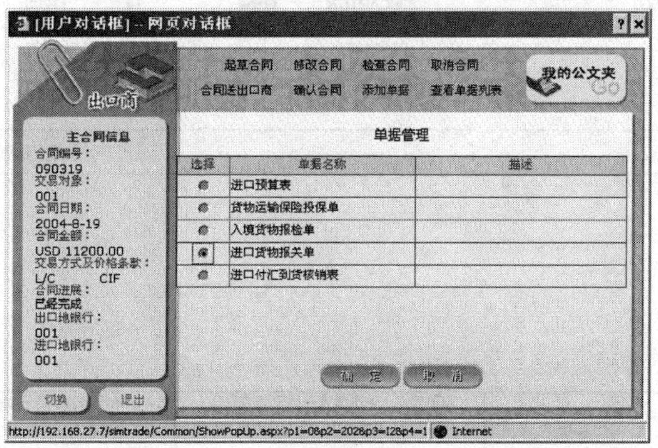

图 15-5

进口货物报关单的填写可参考以下样本，如表 15-2 所示。

（6）进口商报关。返回到“业务中心”页面，点击“海关”按钮，再点击“报关”按钮，选择“销货合同”、“商业发票”、“装箱单”、“提货单”、“入境货物通关单”（不需进口检验的商品可免附）、“进口货物报关单”前的复选框，然后点击下方的“报关”按钮。海关加盖放行章后返还提货单与进口报关单，如图 15-6 所示。

表 15-2

中华人民共和国海关进口货物报关单

预录入编号：　　　　　　　　　　海关编号：

进口口岸 TORONTO CUSTOMS	备案号	进口日期 2004-09-22	申报日期 2004-09-23

经营单位 CATERS TRADING COMPANY, LLC 5102852098	运输方式 江海运输	运输工具名称 Zaandam	提运单号 STBLN000001

收货单位 CATERS TRADING COMPANY, LLC 5102852098	贸易方式 一般贸易	征免性质 一般征税	征税比例

许可证号	起运国（地区） China	装货港 Nanjing	境内目的地

批准文号 091323588	成交方式 CIF	运费 [ ][ ]	保费 [ ][ ]	杂费 [ ][ ]

合同协议号 Contract01	件数 800	包装种类 CARTON	毛重(公斤) 16156.8	净重(公斤) 14688

集装箱号 TBXU3605231*1	随附单据	用途

标记唛码及备注

CANNED SWEET CORN
CANADA
C/NO.1-800
MADE IN CHINA

选择	项号	商品编号	商品名称、规格型号	数量及单位	原产国(地区)	单价	总价	币制	征免
○	1	20058000	CANNED SWEET CORN3060Gx6TINS/CTN	800CARTON	China	14	11200	USD	一般征税

[添 加][修 改][删 除]

税费征收情况

录入员 录入单位	兹声明以上申报无讹并承担法律责任	海关审单批注及放行日期(签章)	
报关员 Carter	申报单位（签章）	审单	审价
单位地址 P.O.Box8935,New Terminal, Lata. Vista, Ottawa, Canada		征税	统计
邮编	电话 00161378935(填制日期 2004-09-22	查验	放行

（7）进口商缴税。从“进口商”页面进入“业务中心”页面，点击“海关”按钮，再点击“缴税”按钮，缴纳税款，如图 15-7 所示。

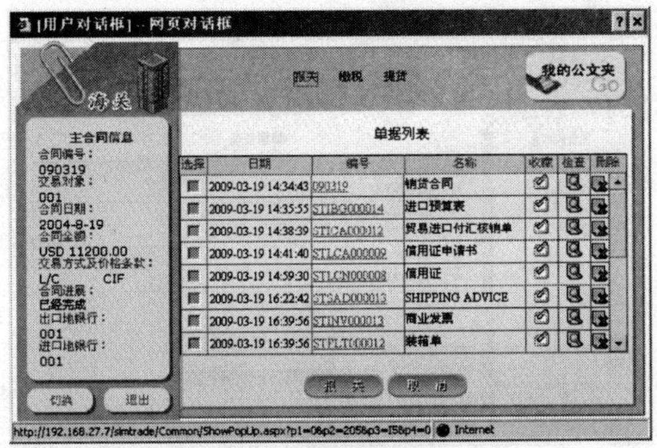

图 15-6

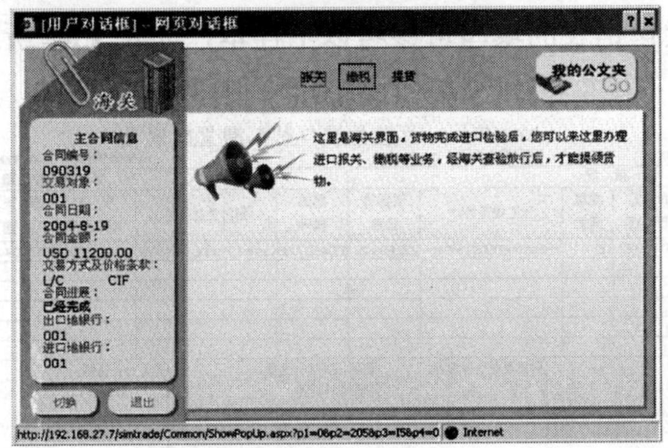

图 15-7

（8）进口商提货。从“进口商”页面，进入“业务中心”页面，点击“海关”按钮，再点击“提货”按钮，领取货物，如图 15-8 所示。

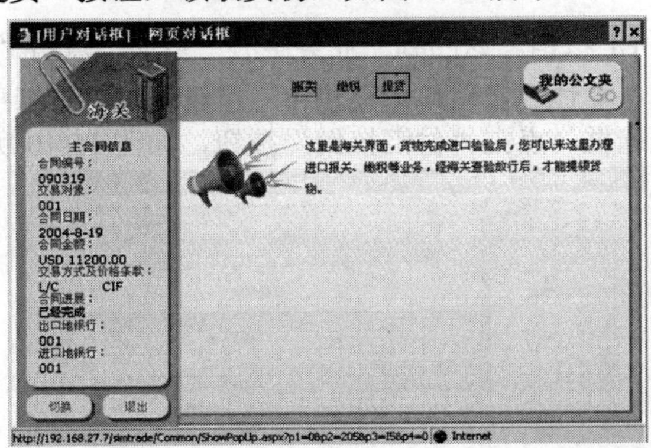

图 15-8

（9）进口商申领核销单。从“进口商”页面进入“业务中心”页面，点击“出口商”按钮，在“添加单据”页面中添加“进口付汇到货核销表”，并填写完整，如图 15-9 所示。

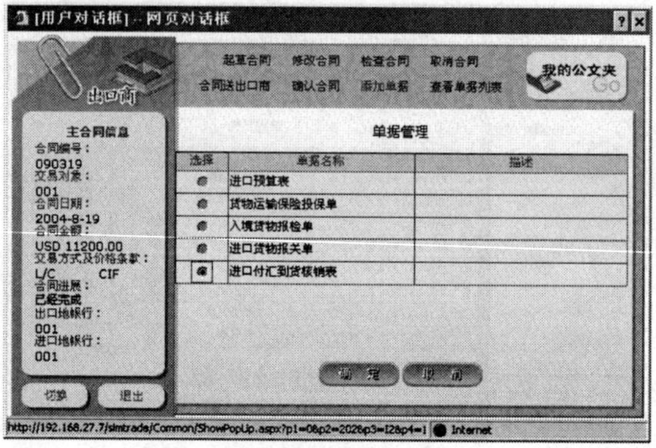

图 15-9

进口付汇到货核销表的填写可参考以下样本，如表 15-3 所示。

表 15-3

2004 年 9 月贸易进口付汇到货核销表

进口单位名称：Carters Trading Company, LLC　　进口单位编码：00000005-8　　核销表编号：STICE000001

付汇情况								报关到货情况							
序号	核销单号	备案表号	付汇币种金额	付汇日期	结算方式	付汇银行名称	应到货日期	报关单号	到货企业名称	报关币种金额	报关日期	与付汇差额 退汇	与付汇差额 其它	凭报关单付汇	备注
1	STICA00000		[USD][1120(	2004-09-22	L/C	THE CHARTERED BANK	2004-09-22	STIAC00000	Carters Trading Company	[USD][11200]	2004-09-23				

付汇合计笔数：	付汇合计金额：	到货报关合计笔数：	到货报关合计金额：	退汇合计金额：	凭报关单付汇合计金额：
1	[USD][11200]	1	[USD][11200]	[ ][ ]	[ ][ ]
至本月累计笔数：	至本月累计金额：[ ][ ]	至本月累计笔数：	至本月累计金额：[ ][ ]	至本月累计金额：[ ][ ]	至本月累计金额：[ ][ ]

填表人：Carter　　负责人：Carter　　填表日期：2004 年 9 月 22 日

第二联：进口单位留存　　本核销表内容无讹。

（10）进口商付汇核销。返回到“业务中心”页面，点击“外管局”，再点击“付汇核销”按钮，选择“进口付汇核销单”、“进口货物报关单”、“进口付汇到货核销表”前的复选框，点击“付汇核销”按钮，如图 15-10 所示。

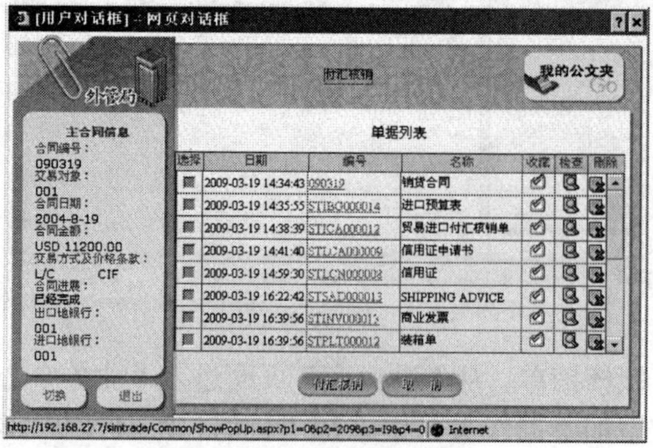

图 15-10

（11）进口商销货。从“进口商”页面进入“业务中心”页面，点击“市场”按钮，再点击“销货”按钮，选择产品后点击“确定”按钮，即可销售货物。至此，该笔交易完成，可到“财务”页面查看“日记账”，如图 15-11 所示。

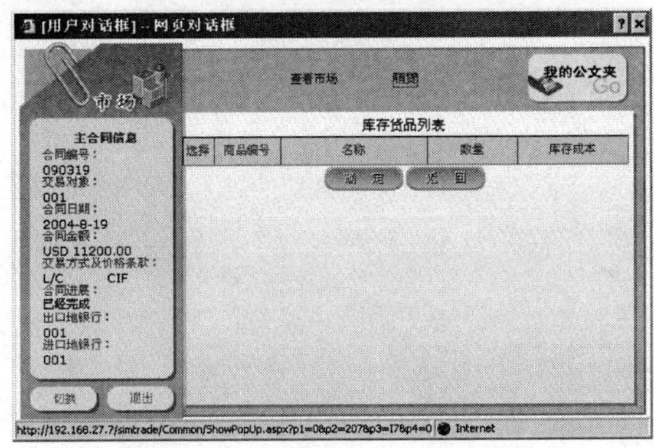

图 15-11

15.5　实验报告填写要求

（1）写明实验日期；

（2）根据实验目的和实验内容，认真做好实验记录，实验步骤和结果应根据实验的实际操作过程进行填写，实验心得与体会应具体；

（3）填写实验报告要字迹工整。

15.6　实验总结

通过对本实验的学习，学生掌握进口报检、进口报关、进口付汇核销的流程，学会制作“入境货物报检单”、“进口货物报关单”、“进口付汇到货核销表”，掌握销货时机。

综合应用

□□□□□□□□□

第 16 章

实训一　综合模拟

16.1　实验目的

（1）利用 SimTrade 和 Internet 提供的各项资源，掌握 L/C 结算方式和 FOB、CFR、CIF 术语条件下履行进出口合同的流程。

（2）熟悉常用价格术语（CIF/CFR/FOB）的使用，掌握报价核算方法，理解外贸公司利用各种方式控制成本以达到利润最大化的基本思路。

（3）熟悉国际贸易的物流、资金流和信息流的运作方式，体会国际贸易中不同当事人的不同地位、具体工作和互动关系。

16.2　实验准备

（1）复习信用证的概念、相关当事人、种类及基本流程，了解对信用证风险的防范。

（2）了解信用证与托收、汇付等支付方式的主要区别。

（3）掌握 FOB、CFR、CIF 三种常用贸易术语的主要特点。

（4）具有一定的打字速度和文字录入能力，能即时、快速、准确地把握客户的实际意图。

16.3　实验内容

练习 L/C+CIF、L/C+CFR、L/C+FOB 三种常用的履约模式，重点掌握在 L/C+CIF 流程下，国际贸易各部门的履约程序。

16.4　实验步骤

以常用的 L/C+CIF 贸易方式为例，通过 SimTrade 软件，运行一套完整的业务操作流程。

16.4.1　交易准备阶段

（1）学生以“出口商”角色登录，输入用户名（如 xyz），在“用户类型”下拉框中选择“出口商”，点击“登录系统”按钮，进入“出口商”业务主页面。

（2）创建公司。点击“资料”按钮，可查看公司的注册资金、账号、单位代码、邮件地址等资料，其他逐项填写如下。

公司全称（中文）：宏昌国际股份有限公司

公司全称（英文）：GRAND WESTERN FOODS CORP.

公司简称（中文）：宏昌

公司简称（英文）：GRAND

企业法人（中文）：刘铭华

企业法人（英文）：Minghua Liu

电话：86-25-23501213

传真：86-25-23500638

邮政编码：210005

网址：http://www.desunsoft.net

公司地址（中文）：南京市北京西路嘉发大厦 2501 室

公司地址（英文）：Room2501, Jiafa Mansion, Beijing West Road, Nanjing, 210005, P.R.China

公司介绍：我们是一家专营食品的公司，长期以来致力于提高产品质量，信誉卓著，欢迎来函与我公司洽谈业务！

（可自由添加图片）

注意事项：最好使用 GIF 或 JPG 格式的图片，尺寸建议在 120×120（像素）左右。

填写完毕后，点击“确定”按钮。

（3）发布公司广告。点击“业务中心”按钮，再点击标志为“广告公司”的建筑物，在弹出页面中点击“发布广告”，填写内容如下。

标题：我公司经营罐头食品

关键字：罐头

发布类型：选择“公司广告”

内容：我公司长期经营罐头食品，信誉卓著，欢迎来函来电洽谈！email: xyz1@simtrade.com

填写完毕后，点击“确定”按钮，即成功发布公司广告。

（进口商发布购买信息后）

（4）寻找商机。点击“淘金网”按钮，进入查询页面，在首页上查看通知以及各类市场信息与供求信息，其中在进口商发布的信息中可找到 Carters Trading Company, LLC 发布的求购甜玉米罐头的信息。

（5）查看交易对手。点击“公司库”按钮，可看到所有公司，输入关键词“Carters”，选择类别为“进口商”后点击“搜索”按钮，找到对应的公司，再点击“详细情况”按钮，查看公司具体资料。

（6）查看交易商品。点击“产品展示”链接，可看到所有产品，输入关键词“甜玉米罐头”后点击“搜索”按钮，找到对应的产品，再点击“详细情况”链接，查看商品具体资料。

16.4.2 交易磋商阶段

（7）与进口商建立业务关系（注：建立业务关系的邮件可由出口商发送，也可由进口商发送）。返回到“出口商”业务主页面，点击“邮件”按钮，进入邮件系统，点击“新建”按钮，邮件填写内容如下。

收件人：对应进口商的邮件地址（如 xyz2@simtrade）

主题：Introduce

合同号：（此时未建立合同，不需填合同号）

内容栏：

Dear Mr. Carter,

We have known your name and address from the website of www. simtrade. net and noted with pleasure the items of your demand just fall within the scope of our business line. First of all, we avail ourselves of this opportunity to introduce our company in order to be acquainted with you.

Our firm is an exporter of various Canned Foodstuffs. We highly hope to establish business relations with your esteemed company on the basis of mutual benefit in an earlier date. We are sending a catalogue and a pricelist under separate cover for your reference. We will submit our best price to you upon receipt of your concrete inquiry.

We are looking forward to receiving your earlier reply.

Yours faithfully,

Minghua Liu

Grand Western Foods Corp.

填写完毕后，点击“发送”按钮。

（进口商回复询盘邮件后）

（8）收取进口商询盘邮件。以第（7）步骤中提到的方法进入邮件系统，点击新邮件名称或发件人，查看邮件，内容为“进口商对甜玉米罐头询价”。

（9）发布国内采购信息。在“业务中心”页面里点击“广告公司”按钮，再点“发布信息”按钮，填写内容如下。

标题：急购大量甜玉米罐头

关键字：甜玉米罐头

发布类型：选择“需求信息”

内容：我公司因客户需要，急购大量甜玉米罐头，有意者请与我公司联系！email: xyz1@simtrade.com

填写完毕后，点击“确定”按钮，即成功发布信息。

（工厂发送联系邮件，或出口商主动发送联系邮件后）

（10）收取工厂希望建立业务关系的邮件（注：建立业务关系的邮件可由工厂发送，也可由出口商发送）。

（11）回复邮件。填写内容如下。

收件人：回复状态自动填写

主题：回复状态自动填写，可将其改为“询价”

合同号：（此时未建立合同，不需填合同号）

内容栏：

> 张弛先生：
>
> 您好！非常感谢您的来信。
>
> 您在来信中提到贵公司是生产罐头食品的专业厂商，我们对此很感兴趣，想和你们建立起长期的合作关系。贵厂能否给我们甜玉米罐头的报价（含税），报价单中请注明交货地点、要求的付款方式及最小订量。因出口货物一般数量较大，请报最优惠价。
>
> 刘铭华
>
> 宏昌国际股份有限公司

填写完毕后，点击“发送”按钮。

（工厂回复报价邮件后）

（12）收取工厂报价的邮件。

（13）根据工厂的报价，核算出成本与利润后，再向进口商发盘。打开进口商询盘邮件，点击“回复”按钮，邮件填写内容如下。

收件人：回复状态自动填写

主题：回复状态自动填写，可将其改为“Quotation”

合同号：（此时未建立合同，不需填合同号）

内容栏：

Dear Mr. Carter,

We have received your letter of July 29,2004, asking us to offer the CANNED SWEET CORN for shipment to TORONTO PORT and we highly appreciate that you are interested in our products.

Complying with your kindly request, we are pleased to offer our best price as follows:

1. CANNED SWEET CORN
2. Packing: EXPORTER CARTON
3. Specification: 3060Gx6TINS/CTN
4. Quantity: 800 CARTONS
5. Price: USD14/CARTON CIF TORONTO
6. Payment: L/C
7. Shipment: in August, 2004
8. Brand: At your option

Our offer remains effective until August 30, 2004

Yours faithfully,

Minghua Liu
Grand Western Foods Corp.

填写完毕后，点击“发送”按钮。

（经多次还盘，进口商回复接受发盘的邮件后）

（14）收取进口商接受发盘的邮件。

16.4.3 签订合同与接受信用证

（15）起草外销合同。退出邮件页面，点击“业务中心”页面中标志为“进口商”的建筑物，在弹出的页面中点击“起草合同”按钮。输入合同号（如“Contract01”），输入对应的进口商编号（如xyz），再输入办理相关业务的出口地银行编号（如xyz），并勾选选项“设置为主合同”，再点击“确定”按钮，弹出合同表单，填写内容如下：

外销合同（填写说明可点击表头名称蓝色字体处查看）

GRAND WESTERN FOODS CORP.						
Room2501,Jiafa Mansion, Beijing West road, Nanjing 210005, P.R.China						
SALES CONFIRMATION						
Messrs:	Carters Trading Company, LLC P.O.Box8935, New Terminal, Lata. Vista, Ottawa, Canada				No.	Contract01
					Date:	2004-08-19

Dear Sirs,

We are pleased to confirm our sale of the following goods on the terms and conditions set forth below.

Choice	Product No.	Description	Quantity	Unit	Unit Price	Amount
					[CIF] [Toronto]	
○	01005	CANNED SWEET CORN 3060Gx6TINS/CTN	800	CARTON	USD14	USD11200
						[添 加] [修 改] [删 除]
		Total:	800	CARTON		[USD] [11200]

Say Total:	U.S.DOLLARS ELEVEN THOUSAND TWO HUNDRED ONLY
Payment:	L/C [By 100% irrevocable sight letter of credit in our favor.]
packing:	3060Gx6TINS/CTN Each of the carton should be indicated with Item No., Name of the Table, G.W., and C/No.
Port of Shipment:	Nanjing
Port of Destination:	Toronto
Shipment:	All of the goods will be shipped on or before Sep. 20, 2004 subject to L/C reaching the SELLER by the end of August, 2004. Partial shipments and transhipment are not allowed.
Shipping Mark:	CANNED SWEET CORN CANADA C/NO.1-800 MADE IN CHINA
Quality:	As per sample submitted by seller.
Insurance:	The SELLER shall arrange marine insurance covering ICC(A) plus Institute War Risks for 110% of CIF value and provide of claim, if any, payable in Canada, with U.S. currency.
Remarks:	The Buyers are requested to sign and return one copy of this Sales Confirmation immediately after receipt of the same.

BUYERS	SELLERS
	GRAND WESTERN FOODS CORP.
	Minghua Liu
(Manager Signature)	(Manager Signature)

（注：1．填写说明可点击表头名称蓝色字体处查看；2．合同既可由出口商起草，也可由进口商起草）

填写完成后点击“保存”按钮，然后在业务页面中点击“检查合同”按钮，确认合同填写无误。接下来就应制作“出口预算表”，点击“添加单据”，选中“出口预算表”前的单选钮，点击“确定”按钮，在“查看单据列表”页面中点击出口预算表对应的单据编号（以后添加与填写单据都用此方法），弹出表单，填写内容如下：

出口预算表（计算方法请参照在线帮助中的“出口预算表的填写”）

出口预算表

合同号：　Contract01
预算表编号：　STEBG000001　　（注：本预算表填入的位数全部为本位币）

项目	预算金额	实际发生金额
合同金额	92835.68	
采购成本	52000.00	
FOB总价	62246.19	
内陆运费	1235.33	
报检费	200.00	
报关费	200.00	
海运费	29690.84	
保险费	898.65	
核销费	10.00	
银行费用	400	
其他费用	5073.87	
退税收入	7555.56	
利润	10682.55	

（注：计算方法请参照在线帮助中的“出口预算表的填写”）

填写完成后点击“保存”按钮。

（16）发送合同。返回到“业务中心”页面中，点击“合同送进口商”按钮。

（进口商确认合同后）

（17）收取进口商已确认合同的通知邮件。

（出口地银行转发信用证后）

（18）收取信用证已开立的通知邮件，然后返回到“业务中心”页面，点击“出口地银行”按钮，再点击“接受信用证”按钮，进入信用证列表页面，查看信用证内容无误后，点击“接受”按钮。

16.4.4 履行合同阶段

（19）回复工厂报价的邮件。填写内容如下。

收件人：回复状态自动填写

主题：回复状态自动填写

合同号：（此时未建立合同，不需填合同号）

内容栏：

> 张弛先生：
>
> 您好，感谢您的回复！
>
> 经过考虑，我们认为您的报价可以接受，我们将订购800CARTONS甜玉米罐头，合同将尽快寄出。
>
> 刘铭华
> 宏昌国际股份有限公司

填写完毕后，点击“发送”按钮。

（20）起草国内买卖合同。在“业务中心”页面里点击标志为“工厂”的建筑物，在弹出页面中点击“起草合同”按钮。输入合同号“Order01”，输入对应的工厂编号（如 xyz），并勾选“设置为主合同”选项，点击“确定”按钮，填写表单内容如下。

国内买卖合同

买 卖 合 同

卖方：冠艳股份有限公司　　合同编号：Order01
签订时间：2004-08-20
买方：宏昌国际股份有限公司　　签订地点：南京

一、产品名称、品种规格，数量、金额、供货时间：

选择	产品编号	品名规格	计量单位	数量	单价(元)	总金额(元)	交(提)货时间及数量
○	01005	甜玉米罐头 每箱6罐，每罐3060克	CARTON	800	65	52000	2004年4月16日前工厂交货
		合计：	CARTON	800		52000	

［添 加］［修 改］［删 除］

合计人民币(大写)　伍万贰仟元整

备注：

二、质量要求技术标准、卖方对质量负责的条件和期限：
质量符合国标出口优级品，如因品质问题引起的一切损失及索赔由供方承担，质量异议以本合同产品保质期为限。（产品保质期以商标效期为准）

三、交(提)货地点、方式：
工厂交货

四、交（提）货地点及运输方式及费用负担：
集装箱门到门交货，费用由需方承担。

五、包装标准、包装物的供应与回收和费用负担：
纸箱包装符合出口标准，商标由需方无偿提供。

六、验收标准、方法及提出异议期限：
需方代表按出口优级品检验内在品质及外包装，同时供方提供商检放行单或商检换证凭单。

七、结算方式及期限：
需方凭供方提供的增值税发票及相应的税收（出口货物专用）缴款书在供方工厂交货后七个工作日内付款。如果供方未将有关票证备齐，需方扣除17%税款支付给供方，等有关票证齐全后结清余款。

八、违约责任：
违约方支付合同金额的15%违约金。

九、解决合同纠纷的方式：
按《中华人民共和国经济合同法》。

十、本合同一式两份，双方各执一份，效力相同。未尽事宜由双方另行友好协商。

卖　方	买　方
单位名称：	单位名称：宏昌国际股份有限公司
单位地址：	单位地址：南京市北京西路嘉发大厦2501室
法人代表或委托人：	法人代表或委托人：刘铭华
电话：	电话：86-25-23501213
税务登记号：	税务登记号：000000000000003
开户银行：	开户银行：南京商业银行
帐号：	帐号：SIM-dst011
邮政编码：	邮政编码：210014

（注：此合同既可由出口商起草，也可由工厂起草）

填写完成后点击“保存”按钮。

（21）返回到“业务中心”页面，点击“检查合同”按钮，确认合同填写无误后，再点击“合同送工厂”按钮。

（工厂确认合同并生产放货后）

（22）收取工厂已放货的通知邮件后，点击“库存”按钮，可看到所订购的货物已在库存列表中，备货完成。

（23）租船订舱。添加“货物出运委托书”，填写内容如下。

货物出运委托书

货物出运委托书 (出口货物明细单) 日期: 2005-09-10 根据《中华人民共和国合同法》与《中华人民共和国海商法》的规定，就出口货物委托运输事宜订立本合同。		合 同 号	Contract01	运输编号	
		银行编号	dst01	信用证号	STLCN000001
		开证银行	THE CHARTERED BANK		
托运人	宝昌国际股份有限公司 南京市北京西路嘉发大厦2501室	付款方式	L/C		
		贸易性质	一般贸易	贸易国别	Canada
抬头人	To order of Carters Trading Company, LLC	运输方式	海运	消费国别	Canada
		装运期限	2004-09-20	出口口岸	Nanjing
通知人	Carters Trading Company, LLC P.O.Box8935,New Terminal, Lata. Vista, Ottawa, Canada	有效期限	2004-10-15	目 的 港	Toronto
		可否转运	NO	可否分批	NO
		运费预付	YES	运费到付	NO

选择	标志唛头	货名规格	件数	数量	毛重	净重	单价	总价
○	CANNED SWEET CORN CANADA C/NO.1-800 MADE IN CHINA	CANNED SWEET CORN 3060Gx6TINS/CTN	800CARTON	800CARTON	16156.8KGS	14688KGS	USD14	USD11200
		TOTAL:	[800] [CARTON]	[800] [CARTON]	[16156.8] [KGS]	[14688] [KGS]		[USD] [11200]

[添 加] [修 改] [删 除]

注意事项		FOB价		[ ] [ ]
		总体积		[20.5888] [CBM]
		保险单	险别	
			保额	[ ] [ ]
			赔偿地点	
		海关编号		000000003
		制单员		刘裕华

受托人（即承运人）		委托人（即托运人）	
名称:		名称:	宝昌国际股份有限公司
电话:		电话:	86-25-23501213
传真:		传真:	86-25-23500638
委托代理人:		委托代理人:	刘裕华

填写完成后，在“业务中心”页面中点击“船公司”按钮，先点击“指定船公司”按钮，选中“世格国际货运代理有限公司”，点击“确定”按钮；指定完成后再点击“洽订舱位”按钮，选择集装箱为“20'(6 m)”，填入装船日期“09/10/2004”，再点击“确定”按钮，订舱完成。系统将返回“配舱通知”页面，点击标志为“进口商”的建筑物里的“查看单据列表”按钮，可查看“配舱通知”的内容。

（24）申请出口检验（注：在 SimTrade 中，交易商品是否需要出口检验，须在淘金网的“税率查询”页面上，输入商品的海关编码进行查询，可查到相对应的监管条件，点击代码符号，各代码的意义均列于其中。若适用规定为必须申请出口检验取得出境货物通关单者，则应依规定办理）。添加“出境货物报检单”，填写内容如下。

出境货物报检单

中华人民共和国出入境检验检疫

出境货物报检单

报检单位（加盖公章）：宏昌国际股份有限公司　　　　*编　号 STEPC000001

报检单位登记号：000000000000　联系人：刘铭华　　电话：86-25-2350121　报检日期：2004年 8 月 20 日

发货人	（中文）	宏昌国际股份有限公司
	（外文）	GRAND WESTERN FOODS CORP.
收货人	（中文）	
	（外文）	Carters Trading Company, LLC

选择	货物名称（中/外文）	H.S.编码	产地	数/重量	货物总值	包装种类及数量
○	甜玉米罐头 CANNED SWEET CORN	20058000	中国	800CARTON	USD11200	800CARTON

[添 加][修 改][删 除]

运输工具名称号码	Zaandam	贸易方式	一般贸易	货物存放地点	Nanjing CY
合同号	Contract01	信用证号	STLCN000001	用途	
发货日期	2004-09-20	输往国家(地区)	加拿大	许可证 / 审批号	
启运地	南京港	到达口岸	多伦多	生产单位注册号	
集装箱规格、数量及号码					

合同、信用证订立的检验检疫条款或特殊要求	标记及号码	随附单据（划“√”或补填）	
	CANNED SWEET CORN CANADA C/NO.1-800 MADE IN CHINA	☑合同 ☑信用证 ☑发票 ☐换证凭单 ☑装箱单 ☐厂检单	☐包装性能结果单 ☐许可/审批文件 ☐＿＿＿ ☐＿＿＿ ☐＿＿＿ ☐＿＿＿

需要证单名称（划“√”或补填）		*检验检疫费	
☐品质证书　＿正＿副 ☐重量证书　＿正＿副 ☐数量证书　＿正＿副 ☐兽医卫生证书　＿正＿副 ☐健康证书　＿正＿副 ☐卫生证书　＿正＿副 ☐动物卫生证书　＿正＿副	☐植物检疫证书　＿正＿副 ☐熏蒸/消毒证书　＿正＿副 ☐出境货物换证凭单 ☑通关单 ☐＿＿＿ ☐＿＿＿ ☐＿＿＿	总金额（人民币元） 计费人 收费人	

报检人郑重声明：	领取证单	
1. 本人被授权报检。 2. 上列填写内容正确属实，货物无伪造或冒用他人的厂名、标志、认证标志，并承担货物质量责任。 签名：刘铭华	日期	
	签名	

注：有“*”号栏由出入境检验检疫机关填写　　◆国家出入境检验检疫局制

[1-2 (2000.1.1)]

填写完成后点击“保存”按钮，再分别添加“商业发票”与“装箱单”，填写内容如下。

商业发票

ISSUER
GRAND WESTERN FOODS CORP.
Room2501,Jiafa Mansion, Beijing West road,
Nanjing 210005, P.R.China

商业发票
COMMERCIAL INVOICE

TO
Carters Trading Company, LLC
P.O.Box8935,New Terminal, Lata. Vista, Ottawa, Canada

NO.	DATE
STINV000001	2004-08-20

TRANSPORT DETAILS
From Nanjing to Toronto on Sep. 10, 2004 By Vessel.

S/C NO.	L/C NO.
Contract01	STLCN000001

TERMS OF PAYMENT
L/C

Choice	Marks and Numbers	Description of goods	Quantity	Unit Price	Amount
				CIF TORONTO	
○	CANNED SWEET CORN CANADA C/NO.1-800 MADE IN CHINA	CANNED SWEET CORN 3060Gx6TINS/CTN	800CARTON	USD14	USD11200

[添 加][修 改][删 除]

Total: [800][CARTON] [USD] 11200]

SAY TOTAL: U.S.DOLLARS ELEVEN THOUSAND TWO HUNDRED ONLY

(写备注处)

GRAND WESTERN FOODS CORP. (公司名称)
Minghua Liu (法人签名)

装箱单

ISSUER GRAND WESTERN FOODS CORP. Room2501,Jiafa Mansion, Beijing West road, Nanjing 210005, P.R.China	装箱单 PACKING LIST
TO Carters Trading Company, LLC P.O.Box8935,New Terminal, Lata. Vista, Ottawa, Canada	INVOICE NO.: STINV000001 DATE: 2004-08-20

Choice	Marks and Numbers	Description of goods	Package	G.W	N.W	Meas.
○	CANNED SWEET CORN CANADA C/NO.1-800 MADE IN CHINA	CANNED SWEET CORN 3060Gx6TINS/CTN	800CARTON	16156.8KGS	14688KGS	20.5888CBM

[添 加][修 改][删 除]

	Package	G.W	N.W	Meas.
Total:	[800 [CARTON	][16156.8][KGS	][14688][KGS	][20.5888][CBM]

SAY TOTAL: EIGHT HUNDRED CARTONS ONLY

(写备注处)

GRAND WESTERN FOODS CORP.(公司名称)
Minghua Liu(法人签名)

（25）返回到“业务中心”页面，点击“检验机构”按钮，再点击“申请报检”按钮，选择“销货合同”、“信用证”、“商业发票”、“装箱单”、“出境货物报检单”后，点击“报检”按钮。报检完成后，检验机构签发“出境货物通关单”及出口商申请签发的相应检验证书。

（26）申请产地证。添加“普惠制产地证明书”，填写内容如下。

普惠制产地证明书

ORIGINAL

1.Goods consigned from (Exporter's business name, address, country)	Reference No. STGSP000001
GRAND WESTERN FOODS CORP. Room2501,Jiafa Mansion, Beijing West road, Nanjing 210005, P.R.China China	**GENERALIZED SYSTEM OF PREFERENCES CERTIFICATE OF ORIGIN** (Combined declaration and certificate) **FORM A** Issued in **THE PEOPLE'S REPUBLIC OF CHINA** (country)
2.Goods consigned to (Consignee's name, address, country) Carters Trading Company, LLC P.O.Box8935,New Terminal, Lata. Vista, Ottawa, Canada Canada	
3.Means of transport and route (as far as known) From Nanjing to Toronto On Sep. 10, 2004 By Vessel.	4.For official use

Choice	Item number	6.Marks and numbers of packages	7.Number and kind of packages; description of goods	8.Origin criterion (see Notes overleaf)	9.Gross weight or other quantity	10.Number and date of invoices
○	1	CANNED SWEET CORN CANADA C/NO.1-800 MADE IN CHINA	800 CARTONS (EIGHT HUNDRED CARTONS ONLY) OF CANNED SWEET CORN 3060Gx6TINS/CTN	"P"	16156.8KGS	STINV000001 Aug 20, 2004

[添加][修改][删除]

11.Declaration by the exporter	12.Certification
It is hereby certified, on the basis of control carried out, that the declaration by the exporter is correct.	**The undersigned hereby declares that the above details and statements are correct, that all the goods were** produced in **CHINA** (country) and that they comply with the origin requirements specified for those goods in the Generalized System of Preferences for goods exported to
Place and date, signature and stamp of certifying authority	**Place and date, signature and stamp of authorized signatory**

填写完成后点击“保存”按钮，返回到“业务中心”页面，点击“检验机构”按钮，再点击“申请产地证”按钮，选择产地证类型为“普惠制产地证明书”，点击“确定”按钮，完成产地证的申请。

（27）办理保险。添加“货物运输保险投保单”，填写内容如下。

货物运输保险投保单

货 物 运 输 保 险 投 保 单

投保人：宏昌国际股份有限公司　　　　投保日期：2004-08-25

发票号码	STINV000001	投保条款和险别
被保险人	客户抬头 宏昌国际股份有限公司 过户 Carters Trading Company, LLC	( ) PICC CLAUSE (√) ICC CLAUSE ( ) ALL RISKS ( ) W.P.A./W.A. ( ) F.P.A. (√) WAR RISKS ( ) S.R.C.C ( ) STRIKE (√) ICC CLAUSE A ( ) ICC CLAUSE B ( ) ICC CLAUSE C ( ) AIR TPT ALL RISKS ( ) AIR TPT RISKS ( ) O/L TPT ALL RISKS ( ) O/L TPT RISKS ( ) TRANSHIPMENT RISKS ( ) W TO W ( ) T.P.N.D. ( ) F.R.E.C. ( ) R.F.W.D. ( ) RISKS OF BREAKAGE ( ) I.O.P.
保险金额	[USD][12320]	
启运港	Nanjing	
目的港	Toronto	
转内陆		
开航日期	2004-09-10	
船名航次	Zaandam, DY105-09	
赔款地点	Canada	
赔付币别	USD	
保单份数		
其它特别条款		
以下由保险公司填写		
保单号码		签单日期

填写完成后点击“保存”按钮，返回到“业务中心”页面，点击“保险公司”按钮，再点击“办理保险”按钮，选择“商业发票”和“货物运输保险投保单”，点击“办理保险”按钮，办理完成后，保险公司签发“货物运输保险单”。

（28）申领核销单。点击“外管局”按钮，再点击“申领核销单”按钮，即从外管局取得“出口收汇核销单”，再到“单据列表”页面中进行填写。

出口收汇核销单

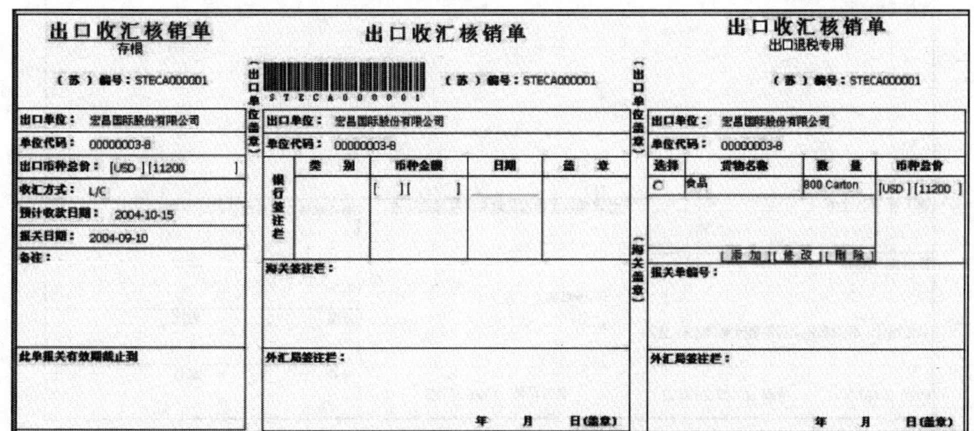

出口收汇核销单（存根）

（苏）编号：STECA000001

出口单位：宏昌国际股份有限公司

单位代码：00000003-8

出口币种总价：[USD][11200]

收汇方式：L/C

预计收款日期：2004-10-15

报关日期：2004-09-10

备注：

此单报关有效期截止到

（出口单位盖章）

出口收汇核销单

STECA000001

（苏）编号：STECA000001

出口单位：宏昌国际股份有限公司

单位代码：00000003-8

银行签注栏	类别	币种金额	日期	盖章
		[ ][ ]		

海关签注栏：

外汇局签注栏：

年　月　日(盖章)

（出口单位盖章）

出口收汇核销单（出口退税专用）

（苏）编号：STECA000001

出口单位：宏昌国际股份有限公司

单位代码：00000003-8

选择	货物名称	数量	币种总价
○	食品	800 Carton	[USD][11200]

[添加][修改][删除]

（海关盖章）

报关单编号：

外汇局签注栏：

年　月　日(盖章)

（29）备案。点击“海关”按钮，再点击“备案”按钮，即凭填好的出口收汇核销单办理备案。

（30）送货。点击“送货”按钮，将货物送到海关指定地点。

（31）报关。添加“出口货物报关单”，填写内容如下。

出口货物报关单

中华人民共和国海关出口货物报关单

预录入编号：DS9110002　　　　海关编号：

出口口岸 南京海关	备案号	出口日期 2004-09-10	申报日期 2004-09-10

经营单位 宏昌国际股份有限公司,0000000003	运输方式 江海运输	运输工具名称 Zaandam/DY100-07	提运单号

发货单位 宏昌国际股份有限公司,0000000003	贸易方式 一般贸易	征免性质 一般征税	结汇方式 L/C

许可证号	运抵国（地区） 加拿大	指运港 多伦多	境内货源地

批准文号	成交方式 CIF	运费 [USD][3582]	保费 [USD][108.4]	杂费 [ ][ ]

合同协议号 Contract01	件数 800	包装种类 CARTON	毛重(公斤) 16156.8	净重(公斤) 14688

集装箱号	随附单据 INVOICE, PACKING LIST	生产厂家

标记唛码及备注

CANNED SWEET CORN
CANADA
C/NO.1-800
MADE IN CHINA

选择	项号	商品编号	商品名称、规格型号	数量及单位	最终目的国(地区)	单价	总价	币制	征免
○	1	2005800000	甜玉米罐头每箱6罐，每罐3060克	800CARTON	加拿大	14	11200	USD	照章征税

[添 加][修 改][删 除]

税费征收情况

录入员 录入单位	兹声明以上申报无讹并承担法律责任	海关审单批注及放行日期(签章)
报关员 刘祐华	申报单位（签章）	审单　审价
单位地址 南京市北京西路嘉发大厦2501室		征税　统计
邮编 210005　电话 86-25-235012	填制日期 2004-09-10	查验　放行

填写完成后，点击“报关”按钮，选择“商业发票”、“装箱单”、“出境货物通关单”(不需出口检验的商品可免附)、“出口收汇核销单”、“出口货物报关单”，然后点击“报关”按钮。完成报关后，货物自动装船出运。

(32) 取回提单。点击“船公司”按钮，再点击“取回提单”按钮，将提单取回。

(33) 发送装船通知。添加“Shipping Advice”，填写内容如下。

Shipping Advice

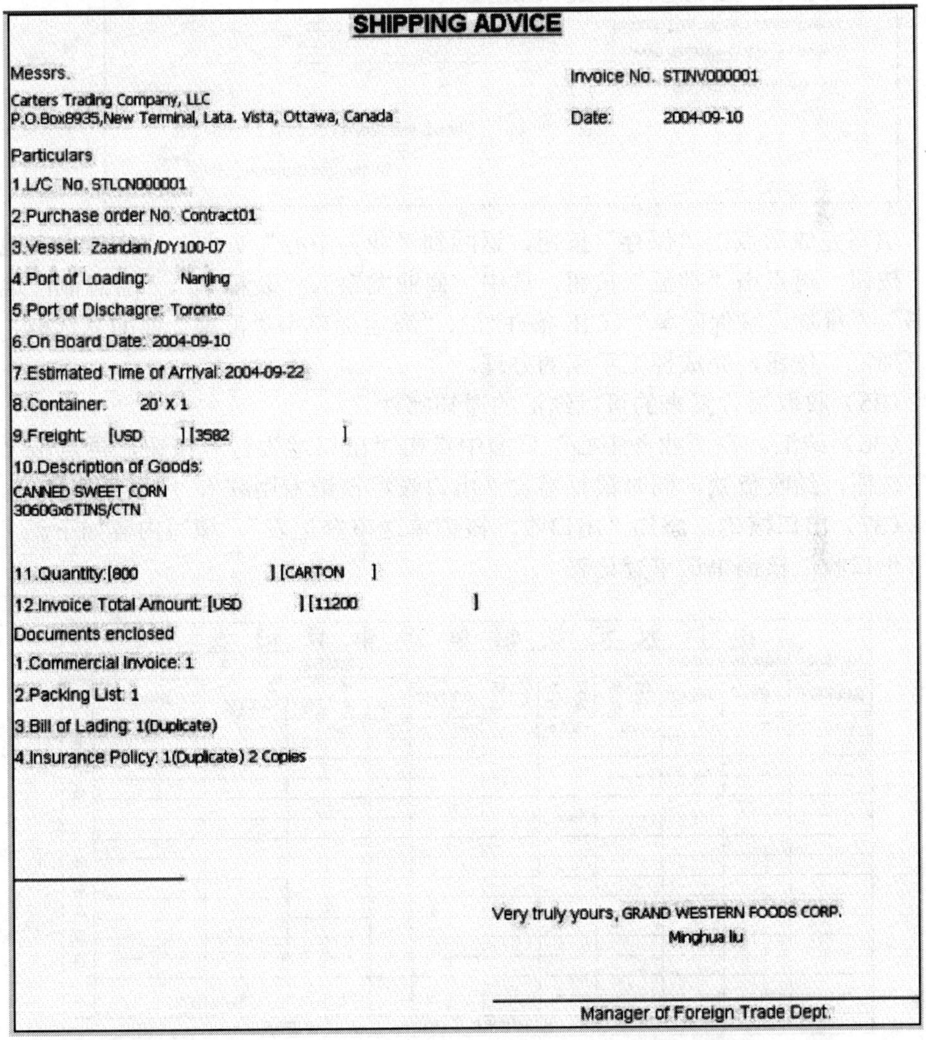

SHIPPING ADVICE

Messrs.　　　　Invoice No. STINV000001

Carters Trading Company, LLC
P.O.Box8935,New Terminal, Lata. Vista, Ottawa, Canada　　　　Date: 2004-09-10

Particulars

1.L/C No. STLCN000001

2.Purchase order No. Contract01

3.Vessel: Zaandam /DY100-07

4.Port of Loading: Nanjing

5.Port of Dischagre: Toronto

6.On Board Date: 2004-09-10

7.Estimated Time of Arrival: 2004-09-22

8.Container: 20' X 1

9.Freight: [USD] [3582]

10.Description of Goods:

CANNED SWEET CORN
3060Gx6TINS/CTN

11.Quantity:[800] [CARTON]

12.Invoice Total Amount: [USD] [11200]

Documents enclosed

1.Commercial Invoice: 1

2.Packing List: 1

3.Bill of Lading: 1(Duplicate)

4.Insurance Policy: 1(Duplicate) 2 Copies

Very truly yours, GRAND WESTERN FOODS CORP.
Minghua liu

Manager of Foreign Trade Dept.

填写完成后，点击“船公司”按钮，再点击“发送装船通知”按钮，将装船通知发送给进口商。

(34) 押汇。添加“汇票”，填写内容如下。

汇票：

BILL OF EXCHANGE

No. STDFT000001　　　　Dated 2004-08-30

Exchange for USD　11200

At ---- Sight of this FIRST of Exchange

(Second of exchange being unpaid)

Pay to the Order of Nanjing Commercial Bank

the sum of U.S.DOLLARS ELEVEN THOUSAND TWO HUNDRED ONLY

Drawn under L/C No. STLCN000001　　　　Dated 2004-08-20

Issued by THE CHARTERED BANK

To THE CHARTERED BANK

GRAND WESTERN FOODS CORP.

(Authorized Signature)

填写完成后点击“保存”按钮，返回到“业务中心”页面，点击“出口地银行”按钮，再点击“押汇”按钮，选中“商业发票”、“装箱单”、“普惠制产地证明书”、“货物运输保险单”（CIF 条件时）、“海运提单”、“汇票”前的复选框，点击“押汇”按钮，完成押汇手续的办理。

（35）收取银行发来的可以结汇的通知邮件。

（36）结汇。在“业务中心”页面中点击“出口地银行”按钮，再点击“结汇”按钮，结收货款，同时银行签发“出口收汇核销专用联”，用以出口核销。

（37）出口核销。添加“出口收汇核销单送审登记表”，填写内容如下。

出口收汇核销单送审登记表

出口收汇核销单送审登记表

出口单位：宏昌国际股份有限公司　　　　送审日期：2004 年 10 月 12 日

核销单编号	发票编号	商品大类	国别地区	贸易方式	结算方式	报关日期	货款			收汇核销金额
							币别	报关金额	FOB金额	
STECA000001	STINV0000	食品	Canada	一般贸易	L/C	2004-09-10	USD	11200	7509.58	[USD] [11200]

第一联　外汇局留存

出口单位填表人：刘铭华　　　　外汇局审核人：

填写完成后点击“保存”按钮，返回到“业务中心”页面，点击“外管局”按钮，再点击“办理核销”按钮，选中“商业发票”、“出口货物报关单”、“出口收汇核销单”、“出口收汇核销专用联”、“出口收汇核销单送审登记表”前的复选框，点击“核销”按钮，完成核销手续的办理，同时外管局盖章后返还出口收汇核销单第三联，用以出口退税。

（38）出口退税。点击“国税局”按钮，再点击“退税”按钮，选中“商业发票”、“出口货物报关单”、“出口收汇核销单（第三联）”前的复选框，点击“退税”按钮，完成退税手续的办理。至此，该笔交易完成。

16.5 实验报告填写要求

根据实验目的和实验内容，认真做好实验记录，实验步骤和结果应根据实验的实际操作过程进行填写，实验心得与体会应具体。

16.6 实验总结

结合本次实验，总结在采用 L/C 方式付款以及采用 CIF/CFR/FOB 三种常用贸易术语的条件下，国际贸易买卖合同的履约流程，并认真写出实验报告。

附 1：L/C+CIF 履约流程（如表 16-1 所示）

说明：外销合同可以由出口商或进口商起草，国内购销合同可以由出口商或工厂起草，然后送对方签字确认即可，本表仅以出口商起草的情况为例。（附 2、附 3 与此相同）

表 16-1

No.	工　厂	出　口　商	出口地银行	进口地银行	进　口　商
1		起草外销合同			
2		添加并填写出口预算表			
3		合同送进口商			
4					添加并填写进口预算表
5					签字并确认外销合同
6					到银行领取并填写“进口付汇核销单”
7					添加并填写开证申请书
8					发送开证申请
9				根据申请书填写信用证	
10				送进口商确认	

续表

No.	工　厂	出　口　商	出口地银行	进口地银行	进　口　商
11					对照合同查看信用证
12					同意信用证
13				通知出口地银行	
14			审核信用证		
15			填写信用证通知书		
16			通知出口商		
17		对照合同审核信用证			
18		接受信用证			
19		起草国内购销合同			
20		合同送工厂			
21	签字并确认购销合同				
22	组织生产				
23	放货给出口商				
24	到国税局缴税				
25		添加并填写“货物出运委托书”			
26		指定船公司			
27		洽订舱位			
28		添加并填写“报检单、商业发票、装箱单”			
29		出口报检			
30		添加并填写产地证明书			
31		到相关机构申请产地证			
32		添加并填写“投保单”			
33		到保险公司投保			
34		到外管局申领并填写“核销单”			
35		到海关办理核销单的口岸备案			
36		添加并填写“报关单”			
37		送货到海关			
38		出口报关，货物自动出运			
39		到船公司取提单			

续表

No.	工　厂	出　口　商	出口地银行	进口地银行	进　口　商
40		添加并填写装船通知“Shipping Advice”			
41		发送装船通知			
42		添加并填写“汇票”			
43		向出口地银行交单押汇			
44			审单		
45			发送进口地银行		
46		到银行办理结汇		审单	
47		添加并填写“出口收汇核销单送审登记表”		通知进口商取单	
48		到外管局办理核销			到银行付款
49		到国税局办理出口退税			取回单据
50					到船公司换提货单
51					添加并填写“报检单”
52					进口报检
53					添加并填写“报关单”
54					进口报关
55					缴税
56					提货
57					添加并填写“进口付汇到货核销表”
58					到外管局办理进口付汇核销
59					到消费市场销货

附 2：L/C+CFR 履约流程（如表 16-2 所示）

表 16-2

No.	工　厂	出　口　商	出口地银行	进口地银行	进　口　商
1		起草外销合同			
2		添加并填写出口预算表			
3		合同送进口商			
4					添加并填写进口预算表

续表

No.	工　厂	出　口　商	出口地银行	进口地银行	进　口　商
5					签字并确认外销合同
6					到银行领取并填写“进口付汇核销单”
7					添加并填写开证申请书
8					发送开证申请
9				根据申请书填写信用证	
10				送进口商确认	
11					对照合同查看信用证
12					同意信用证
13				通知出口地银行	
14			审核信用证		
15			填写信用证通知书		
16			通知出口商		
17		对照合同审核信用证			
18		接受信用证			
19		起草国内购销合同			
20		合同送工厂			
21	签字并确认购销合同				
22	组织生产				
23	放货给出口商				
24	到国税局缴税				
25		添加并填写“货物出运委托书”			
26		指定船公司			
27		洽订舱位			
28		添加并填写“报检单、商业发票、装箱单”			
29		出口报检			
30		添加并填写产地证明书			
31		到相关机构申请产地证			

续表

No.	工　厂	出　口　商	出口地银行	进口地银行	进　口　商
32		到外管局申领并填写“核销单”			
33		到海关办理核销单的口岸备案			
34		添加并填写“报关单”			
35		送货到海关			
36		出口报关，货物自动出运			
37		到船公司取提单			
38		添加并填写装船通知“Shipping Advice”			
39		发送装船通知			
40		添加并填写“汇票”			查看装船通知
41		向出口地银行交单押汇			添加并填写“投保单”
42			审单		到保险公司投保
43			发送进口地银行		
44		到银行办理结汇		审单	
45		添加并填写“出口收汇核销单送审登记表”		通知进口商取单	
46		到外管局办理核销			到银行付款
47		到国税局办理出口退税			取回单据
48					到船公司换提货单
49					添加并填写“报检单”
50					进口报检
51					添加并填写“报关单”
52					进口报关
53					缴税
54					提货
55					添加并填写“进口付汇到货核销表”
56					到外管局办理进口付汇核销
57					到消费市场销货

附 3：L/C+FOB 履约流程（如表 16-3 所示）

表 16-3

No.	工　厂	出　口　商	出口地银行	进口地银行	进　口　商
1		起草外销合同			
2		添加并填写出口预算表			
3		合同送进口商			
4					添加并填写进口预算表
5					签字并确认外销合同
6					到银行领取并填写“进口付汇核销单”
7					添加并填写开证申请书
8					发送开证申请
9				根据申请书填写信用证	
10				送进口商确认	
11					对照合同查看信用证
12					同意信用证
13				通知出口地银行	
14			审核信用证		
15			填写信用证通知书		
16			通知出口商		
17		对照合同审核信用证			
18		接受信用证			
19		起草国内购销合同			指定船公司
20		合同送工厂			
21	签字并确认购销合同				
22	组织生产				
23	放货给出口商				
24	到国税局缴税				
25		添加并填写“货物出运委托书”			
26		洽订舱位			
27		添加并填写“报检单、商业发票、装箱单”			

续表

No.	工　厂	出　口　商	出口地银行	进口地银行	进　口　商
28		出口报检			
29		添加并填写产地证明书			
30		到相关机构申请产地证			
31		到外管局申领并填写"核销单"			
32		到海关办理核销单的口岸备案			
33		添加并填写"报关单"			
34		送货到海关			
35		出口报关，货物自动出运			
36		到船公司取提单			
37		添加并填写装船通知"Shipping Advice"			
38		发送装船通知			
39		添加并填写"汇票"			查看装船通知
40		向出口地银行交单押汇			添加并填写"投保单"
41			审单		到保险公司投保
42			发送进口地银行		
43		到银行办理结汇		审单	
44		添加并填写"出口收汇核销单送审登记表"		通知进口商取单	
45		到外管局办理核销			到银行付款
46		到国税局办理出口退税			取回单据
47					到船公司换提货单
48					添加并填写"报检单"
49					进口报检
50					添加并填写"报关单"
51					进口报关
52					缴税
53					提货
54					添加并填写"进口付汇到货核销表"
55					到外管局办理进口付汇核销
56					到消费市场销货

第 17 章

实训二　综合模拟

17.1　实验目的

（1）利用 SimTrade 和 Internet 提供的各项资源，掌握 D/P 结算方式和 FOB、CFR、CIF 术语条件下履行进出口合同的流程。

（2）熟悉国际贸易的物流、资金流和业务流的运作方式，体会国际贸易中不同当事人的不同地位、具体工作和互动关系。

（3）理解外贸公司利用各种方式控制成本以达到利润最大化的思路，了解供求平衡、竞争等宏观经济现象，并且学会加以合理利用。

17.2　实验准备

（1）复习托收的概念、托收的相关当事人、托收的种类及流程、托收风险的防范等内容。

（2）了解托收、汇付、信用证等支付方式的区别。

（3）复习 FOB、CFR、CIF 三种贸易术语的主要特点。

17.3　实验内容

两人为一组，其中一人担任出口商、供应商兼出口地银行的角色，另一人担任进口商兼进口地银行的角色，然后两人交换角色，要求至少做 1 笔 D/P 和 FOB、CFR、CIF 相结合的业务。具体内容如下。

（1）独立进行业务规划。

（2）掌握利用网络资源来寻找有利信息的基本技巧，利用网络发布广告、搜索信息。

（3）同业务伙伴建立合作关系。

（4）在 D/P+CFR 下进行成本、费用、利润的核算。

（5）通过询盘、发盘、还盘、接受等环节进行交易磋商。

（6）签订外销合同。
（7）签订购销合同。
（8）租船订舱。
（9）办理进出口货物保险及索赔。
（10）办理进出口报检事宜。
（11）办理进出口报关事宜。
（12）缮制各种议付单据。
（13）银行处理议付、结汇。
（14）办理出口收汇核销和退税。

17.4 实验步骤

17.4.1 交易准备

进出口商要将产品打进国际市场，必须先开拓市场，寻找合适的交易对象。可以通过寄送业务推广函电（Sale Letter）或在计算机网络、国外报刊上刊登产品广告来推销自己，同时也可通过参加商展、实地到国外考察等途径来寻找交易对象，增进贸易机会。在 Sim Trade 贸易实习平台上，以进口商为例来说明其具体操作。

1. 发布公司广告

登录“进口商”页面后，点击“业务中心”中标志为“广告公司”的建筑物，在弹出的页面中点击“发布广告”按钮，发布公司广告。

2. 寻找商机

点击“淘金网”链接，进入查询页面，在首页上可查看通知以及各类市场信息与供求信息，从中选择合适的公司作为交易对象。

3. 发布需求信息

在“淘金网”上，如果发现自己满意的公司和商品，就返回到“业务中心”页面，点击“发布信息”按钮，发布需求信息。

出口商和供应商也可以采用同样方式发布信息和广告。

17.4.2 交易磋商

（1）首先以出口商的身份登录，进入出口商业务主页面，与进口商建立业务关系（注：建立业务关系的邮件可由出口商主动发送，也可由进口商发送）。

（2）对应的进口商登录后，收取出口商希望建立业务关系的邮件，并向对方询盘。

（3）出口商登录后，收取进口商询盘的邮件。

1）点击“邮件”按钮，进入邮件系统；

2）点击新邮件的名称或发件人，查看邮件，内容为“进口商对甜玉米罐头询价”。

（4）出口商发邮件向工厂询价。

（5）工厂核算成本并向出口商报价。

1）查看商品的生产成本；

2）打开在线帮助中的“工厂的业务费用”，照其中的说明计算各项支出；

3）根据各项费用与利润确定报价；

4）工厂向出口商报价。

（6）出口商核算成本并向进口商发盘。

（7）进口商登录后，收取出口商发盘的邮件。双方经多次还盘，最后进口商表示接受对方发盘。

17.4.3 签订合同

（1）起草外销合同（注：合同既可由出口商起草，也可由进口商起草）。

点击“业务中心”中标志为“进口商”的建筑物，在弹出的页面中点击“起草合同”按钮；填写完毕后保存并检查合同，确认合同填写无误。

（2）制作出口预算表。

1）点击“添加单据”按钮；

2）选中“出口预算表”前的单选钮，点击“确定”按钮；

3）然后在“查看单据列表”中点击出口预算表对应的单据编号，弹出表单进行填写。

（3）发送合同。返回到“业务中心”页面，点击“合同送进口商”按钮。

（4）进口商登录后，收取出口商要求确认合同的邮件。

（5）制作进口预算表。

1）退出邮件系统，点击“业务中心”页面中标志为“出口商”的建筑物；

2）在弹出画面的左边首先点击“切换”按钮，将需要确认的合同设置为主合同；

3）点击“修改合同”按钮，打开合同页面查看相关条款；

4）点击“添加单据”按钮，选中“进口预算表”前的单选钮，点击“确定”按钮；

5）在“查看单据列表”页面中点击进口预算表对应的单据编号（以后添加与填写单据都用此方法），在弹出的表单中填写相关内容；

6）填写完成后点击“保存”按钮。

(6) 确认合同。

1) 返回到“业务中心”页面，点击“修改合同”按钮；

2) 在弹出合同的左下方签字，点击“保存”按钮；

3) 返回到“业务中心”页面，点击“确认合同”按钮；

4) 输入合同编号和进口地银行编号，点击“确定”按钮，即成功确认合同。

17.4.4　备货

1. 工厂与出口商建立业务关系（也可由出口商主动）

2. 出口商起草国内买卖合同并保存

返回到“业务中心”页面，点击“检查合同”按钮，确认合同填写无误后，再点击“合同送工厂”按钮。

3. 工厂确认合同

4. 组织生产

(1) 点击“业务中心”中标志为“市场”的建筑物，再点击“查看市场”按钮；

(2) 选择商品，点击“组织生产”按钮；

(3) 输入生产数量，点击“确定”按钮，即完成生产。

5. 放货

(1) 点击标志为“出口商”的建筑物；

(2) 点击“放货”按钮，将货物送到出口商处，同时系统自动收取货款。

6. 缴税

点击标志为“国税局”的建筑物，再点击“缴税”按钮。

17.4.5　租船订舱

1. 准备相关单据

(1) 添加“货物出运委托书”并填写；

(2) 填写完成后点击“检查”按钮，确认通过。

2. 租船订舱

(1) 填写完成后，在“业务中心”中点击“船公司”按钮；

(2) 先点击“指定船公司”按钮，选中“世格国际货运代理有限公司”，点击“确定”按钮；

(3) 点击“洽订舱位”按钮；

(4) 选择集装箱，填入装船日期，点击“确定”按钮，订舱完成，系统将返回“配舱通知”页面；

（5）点击标志为“进口商”的建筑物里的“查看单据列表”按钮，可查看“配舱通知”的内容。

17.4.6　检验

1．准备相关单据

（1）添加“出境货物报检单”并填写；

（2）分别添加“商业发票”与“装箱单”并填写；

（3）填写完成后分别点击“检查”按钮，确认通过。

单据填写重点说明：出境货物报检单里的“报检单位登记号”请到公司基本资料中查找；“运输工具名称号码”即船名，请到订舱后给出的“配舱通知”中查找；装箱单中各项重量体积的计算请参考在线帮助中的“了解产品的基本特点”。

2．申请出口检验

（1）返回到“业务中心”，点击“检验机构”按钮；

（2）点击“申请报检”按钮，选择“销货合同”、“信用证”、“商业发票”、“装箱单”、“出境货物报检单”后，点击“报检”按钮；

（3）报检完成后，检验机构签发“出境货物通关单”及出口商申请签发的相应检验证书。

17.4.7　出口报关

1．申领核销单

（1）在“业务中心”页面中点击“外管局”按钮；

（2）选择“申领核销单”，即可从外管局取得“出口收汇核销单”；

（3）到单据列表中进行填写；

（4）填写完成后点击“检查”按钮，确认通过。

2．备案

点击“海关”按钮，再点击“备案”按钮，凭填好的“出口收汇核销单”办理备案。

3．送货

点击“送货”按钮，将货物送到海关指定地点。

4．报关

（1）添加“出口货物报关单”并填写；

（2）填写完成后点击“检查”按钮，确认通过；

（3）再到“海关”，点击“报关”按钮；

（4）选择“商业发票”、“装箱单”、“出境货物通关单”（不需出口检验的商

品可免附）、“出口收汇核销单”、“出口货物报关单”，点击“报关”按钮；

（5）完成报关的同时，货物自动装船出运。

17.4.8　装船通知

1．取回提单

在“业务中心”页面中点击“船公司”按钮，再点击“取回提单”按钮，将提单取回。

2．发送装船通知

（1）添加“Shipping Advice”并填写；

（2）填写完成后点击“检查”按钮，确认通过；

（3）返回到“业务中心”，点击“船公司”按钮；

（4）再点“发送装船通知”，将装船通知发送给进口商；

（5）添加并制作汇票，向出口地银行交单托收。

3．进口商收取装船通知

（1）收取装船通知已发送的通知邮件；

（2）到“业务中心”页面点击“出口商”按钮，再点击“查看单据列表”按钮，可查看“Shipping Advice”的内容。

17.4.9　办理保险

1．准备相关单据

（1）添加“货物运输保险投保单”并填写；

（2）填写完成后点击“检查”按钮，确认通过。

单据填写重点说明：其中船名、航次、开航日期等信息请在出口商发来的“Shipping Advice”中查找。

2．办理保险

（1）返回到“业务中心”页面，点击“保险公司”按钮；

（2）点击“办理保险”按钮，选择“商业发票”和“货物运输保险投保单”，点击“办理保险”按钮；

（3）办理完成后，保险公司自动签发“货物运输保险单”。

17.4.10　银行托收

（1）登录出口地银行，出口地银行收到单据，审查单据无误后，发送给进口地银行。

(2)进口地银行收到出口地银行发来的单据，审查后向进口商发送通知取单。

（3）进口商收到通知后，到进口地银行领取并填写“进口付汇核销单”，付款并赎单。

17.4.11 出口核销与退税

1．出口核销

（1）添加“出口收汇核销单送审登记表”并填写；

（2）填写完成后点击“检查”按钮，确认通过；

（3）返回“业务中心”页面，点击“外管局”按钮，选择“办理核销”业务；

（4）选中“商业发票”、“出口货物报关单”、“出口收汇核销单”、“出口收汇核销专用联”、“出口收汇核销单送审登记表”前的复选框，点击“核销”按钮，完成核销手续的办理；

（5）与此同时，外管局盖章后返还出口收汇核销单第三联，用以出口退税。

2．出口退税

（1）点击“国税局”按钮，选择“退税”业务；

（2）选中“商业发票”、“出口货物报关单”、“出口收汇核销单（第三联）”前的复选框，点击“退税”按钮，完成退税手续的办理。

至此，出口商的工作就完成了。

17.4.12 进口报检

在 SimTrade 中，交易商品是否需要进口检验，须在淘金网的“税率查询”页，输入商品的海关编码进行查询，查到相对应的监管条件后，点击代码符号，各代码的意义均列于其中。若适用规定为必须取得入境货物通关单者，则应依规定办理进口检验。

1．换提货单

点击“业务中心”页面里的“船公司”按钮，再点击“换提货单”按钮。

2．准备相应单据

（1）添加“入境货物报检单”并填写；

（2）填写完成后点击“检查”按钮，确认通过。

单据填写重点说明：单据中的“报检单位登记号”请到公司基本资料中查找；“运输工具名称号码”即船名，请到出口商发来的“Shipping Advice”中查找；提单号请到提货单里查找。

3．报检

（1）返回“业务中心”页面，点击“检验机构”按钮，选择“申请报检”业务；

（2）选择“销货合同”、“商业发票”、“装箱单”、“提货单”、“入境货物报检单”，点击“报检”按钮；

（3）报检完成后，检验机构签发“入境货物通关单”，凭以报关。

17.4.13　进口报关与提货

1．准备相应单据

（1）添加“进口货物报关单”并填写；

（2）填写完成后点击“检查”按钮，确认通过。

2．报关

（1）点击“业务中心”页面里的“海关”按钮，选择“报关”业务；

（2）选择“销货合同”、“商业发票”、“装箱单”、“提货单”、“入境货物通关单”（不需进口检验的商品可免附）、“进口货物报关单”前的复选框，点击“报关”按钮；

（3）完成报关后，海关加盖放行章后返还提货单与进口报关单。

3．缴税

点击“报关”旁边的“缴税”按钮，缴纳税款。

4．提货

点击“缴税”旁边的“提货”按钮，领取货物。

17.4.14　进口付汇核销

1．准备相应单据

（1）添加“进口付汇到货核销表”并填写；

（2）填写完成后点击“检查”按钮，确认通过。

2．付汇核销

（1）返回“业务中心”页面，点击“外管局”按钮，选择“付汇核销”业务；

（2）选择“进口付汇核销单”、“进口货物报关单”、“进口付汇到货核销表”前的复选框，点击“付汇核销”按钮。

17.4.15　销货

（1）点击“业务中心”页面中的“市场”按钮；

（2）再点击“销货”按钮，选择产品，点击“确定”按钮即可销售货物。

至此，进口商的工作就完成了。

17.5 实验报告填写要求

（1）写明实验日期；

（2）根据实验目的和实验内容，认真做好实验记录，实验步骤和结果应根据实验的实际操作过程进行填写，实验心得与体会应具体；

（3）填写实验报告要字迹工整。

17.6 实验总结

（1）熟悉外贸实务的具体操作程序，增强感性认识。

（2）使学生进一步了解、巩固已学过的理论知识。

（3）提高学生发现、分析和解决问题的能力。

（4）锻炼团结协作能力。

附 1：D/P+CIF 履约流程（如表 17-1 所示）

说明：外销合同可以由出口商或进口商起草，国内购销合同可以由出口商或工厂起草，然后送对方签字确认即可，本表中仅以出口商起草的情况为例（附 2、附 3 与此相同）。

表 17-1

No.	工　厂	出　口　商	出口地银行	进口地银行	进　口　商
1		起草外销合同			
2		添加并填写出口预算表			
3		合同送进口商			
4					添加并填写进口预算表
5					签字并确认外销合同
6		起草国内购销合同			
7		合同送工厂			
8	签字并确认购销合同				
9	组织生产				
10	放货给出口商				

续表

No.	工　厂	出　口　商	出口地银行	进口地银行	进　口　商
11	到国税局缴税				
12		添加并填写“货物出运委托书”			
13		指定船公司			
14		洽订舱位			
15		添加并填写“报检单、商业发票、装箱单”			
16		出口报检			
17		添加并填写产地证明书			
18		到相关机构申请产地证			
19		添加并填写“投保单”			
20		到保险公司投保			
21		到外管局申领并填写“核销单”			
22		到海关办理核销单的口岸备案			
23		添加并填写“报关单”			
24		送货到海关			
25		出口报关，货物自动出运			
26		到船公司取提单			
27		添加并填写装船通知“Shipping Advice”			
28		发送装船通知			
29		添加并填写“汇票”			
30		向出口地银行交单托收			
31			审单		
32			发送进口地银行		
33				审单	
34				通知进口商取单	

续表

No.	工　厂	出　口　商	出口地银行	进口地银行	进　口　商
35					到银行领取并填写“进口付汇核销单”
36					付款
37		到银行办理结汇			取回单据
38		添加并填写“出口收汇核销单送审登记表”			到船公司换提货单
39		到外管局办理核销			添加并填写“报检单”
40		到国税局办理出口退税			进口报检
41					添加并填写“报关单”
42					进口报关
43					缴税
44					提货
45					添加并填写“进口付汇到货核销表”
46					到外管局办理进口付汇核销
47					到消费市场销货

附 2：D/P+CFR 履约流程（如表 17-2 所示）

表 17-2

No.	工　厂	出　口　商	出口地银行	进口地银行	进　口　商
1		起草外销合同			
2		添加并填写出口预算表			
3		合同送进口商			
4					添加并填写进口预算表
5					签字并确认外销合同
6		起草国内购销合同			
7		合同送工厂			

续表

No.	工　厂	出　口　商	出口地银行	进口地银行	进　口　商
8	签字并确认购销合同				
9	组织生产				
10	放货给出口商				
11	到国税局缴税				
12		添加并填写“货物出运委托书”			
13		指定船公司			
14		洽订舱位			
15		添加并填写“报检单、商业发票、装箱单”			
16		出口报检			
17		添加并填写产地证明书			
18		到相关机构申请产地证			
19		到外管局申领并填写“核销单”			
20		到海关办理核销单的口岸备案			
21		添加并填写“报关单”			
22		送货到海关			
23		出口报关，货物自动出运			
24		到船公司取提单			
25		添加并填写装船通知“Shipping Advice”			
26		发送装船通知			
27		添加并填写“汇票”			查看装船通知
28		向出口地银行交单托收			添加并填写“投保单”
29			审单		到保险公司投保
30			发送进口地银行		

续表

No.	工　厂	出　口　商	出口地银行	进口地银行	进　口　商
31				审单	
32				通知进口商取单	
33					到银行领取并填写“进口付汇核销单”
34					付款
35		到银行办理结汇			赎单
36		添加并填写“出口收汇核销单送审登记表”			到船公司换提货单
37		到外管局办理核销			添加并填写“报检单”
38		到国税局办理出口退税			进口报检
39					添加并填写“报关单”
40					进口报关
41					缴税
42					提货
43					添加并填写“进口付汇到货核销表”
44					到外管局办理进口付汇核销
45					到消费市场销货

附 3：D/P+FOB 履约流程（如表 17-3 所示）

表 17-3

No.	工　厂	出　口　商	出口地银行	进口地银行	进　口　商
1		起草外销合同			
2		添加并填写出口预算表			
3		合同送进口商			
4					添加并填写进口预算表

续表

No.	工　厂	出　口　商	出口地银行	进口地银行	进　口　商
5					签字并确认外销合同
6		起草国内购销合同			指定船公司
7		合同送工厂			
8	签字并确认购销合同				
9	组织生产				
10	放货给出口商				
11	到国税局缴税				
12		添加并填写“货物出运委托书”			
13		洽订舱位			
14		添加并填写“报检单、商业发票、装箱单”			
15		出口报检			
16		添加并填写产地证明书			
17		到相关机构申请产地证			
18		到外管局申领并填写“核销单”			
19		到海关办理核销单的口岸备案			
20		添加并填写“报关单”			
21		送货到海关			
22		出口报关，货物自动出运			
23		到船公司取提单			
24		添加并填写装船通知“Shipping Advice”			

续表

No.	工　厂	出　口　商	出口地银行	进口地银行	进　口　商
25		发送装船通知			
26		添加并填写“汇票”			查看装船通知
27		向出口地银行交单托收			添加并填写“投保单”
28			审单		到保险公司投保
29			发送进口地银行		
30				审单	
31				通知进口商取单	
32					到银行领取并填写“进口付汇核销单”
33					付款
34		到银行办理结汇			取回单据
35		添加并填写“出口收汇核销单送审登记表”			到船公司换提货单
36		到外管局办理核销			添加并填写“报检单”
37		到国税局办理出口退税			进口报检
38					添加并填写“报关单”
39					进口报关
40					缴税
41					提货
42					添加并填写“进口付汇到货核销表”
43					到外管局办理进口付汇核销
44					到消费市场销货

第 18 章

实训三　综合模拟

18.1　实验目的

（1）利用 SimTrade 和 Internet 提供的各项资源，掌握 D/A 结算方式和 FOB、CFR、CIF 术语条件下履行进出口合同的流程。

（2）熟悉国际贸易的物流、资金流和业务流的运作方式，体会国际贸易中不同当事人的不同地位、具体工作和互动关系。

（3）理解外贸公司利用各种方式控制成本以达到利润最大化的思路，了解供求平衡、竞争等宏观经济现象，并且学会加以合理利用。

18.2　实验准备

（1）复习承兑托收的概念、承兑托收的相关当事人、承兑托收的种类及流程、承兑托收风险的防范等内容。

（2）了解承兑托收、汇付、信用证等支付方式的区别。

（3）复习 FOB、CFR、CIF 三种贸易术语的主要特点。

18.3　实验内容

两人为一组，其中一人担任出口商、供应商兼出口地银行的角色，另一人担任进口商兼进口地银行的角色，然后两人交换角色，要求至少做 1 笔 D/A 和 FOB、CFR、CIF 相结合的业务。具体内容如下。

（1）独立进行业务规划。

（2）掌握利用网络资源来寻找有利信息的基本技巧，利用网络发布广告、搜索信息。

（3）同业务伙伴建立合作关系。

（4）在 D/A+CFR 下进行成本、费用、利润的核算。

（5）通过询盘、发盘、还盘、接受等环节进行交易磋商。

（6）外销合同的签订。

（7）购销合同的签订。

（8）租船订舱。

（9）办理进出口货物保险及索赔。

（10）办理进出口报检事宜。

（11）办理进出口报关事宜。

（12）缮制各种议付单据。

（13）银行处理议付、结汇。

（14）办理出口收汇核销和退税。

18.4 实验步骤

18.4.1 交易准备

进出口商要将产品打进国际市场，必须先开拓市场，寻找合适的交易对象。可以通过寄送业务推广函电（Sale Letter）或在计算机网络、国外报刊上刊登产品广告来推销自己，同时也可通过参加商展、实地到国外考察等途径来寻找交易对象，增进贸易机会。在贸易实习平台上，以进口商为例来说明其具体操作。

1. 发布公司广告

登录“进口商”页面后，点击“业务中心”页面中标志为“广告公司”的建筑物，在弹出的页面中点击“发布广告”按钮，发布公司广告。

2. 寻找商机

点击“淘金网”按钮，进入查询页面，在首页上可查看通知以及各类市场信息与供求信息，从中选择合适的公司作为交易对象。

3. 发布需求信息

在“淘金网”上，如果发现自己满意的公司和商品，就返回到“业务中心”页面，点击“发布广告”左边的“发布信息”按钮，发布需求信息。

出口商和供应商也可以采用同样方式发布信息和广告。

18.4.2 交易磋商

（1）首先以出口商的身份登录，进入出口商业务主页面，与进口商建立业务关系（注：建立业务关系的邮件可由出口商主动发送，也可由进口商发送）。

（2）对应的进口商登录后，收取出口商希望建立业务关系的邮件，并向对方询盘。

（3）出口商登录后，收取进口商询盘的邮件。

1）点击“邮件”按钮，进入邮件系统；

2）点击新邮件的名称或发件人，查看邮件，内容为进口商对甜玉米罐头询价。

（4）出口商发邮件向工厂询价。

（5）工厂核算成本并向出口商报价。

1）查看商品的生产成本；

2）打开在线帮助中的“工厂的业务费用”，照其中的说明计算各项支出；

3）根据各项费用与利润确定报价；

4）工厂向出口商报价。

（6）出口商核算成本并向进口商发盘。

（7）进口商登录后，收取出口商发盘的邮件。双方经多次还盘，最后进口商表示接受对方发盘。

18.4.3　签订合同

（1）起草外销合同（注：合同既可由出口商起草，也可由进口商起草）。

点击“业务中心”页面中标志为“进口商”的建筑物，在弹出的页面中点击“起草合同”按钮；填写完毕后保存并检查合同，确认合同填写无误。

（2）制作出口预算表。

1）点击“添加单据”按钮；

2）选中“出口预算表”前的单选钮，点击“确定”按钮；

3）然后在“查看单据列表”页面中点出口预算表对应的单据编号，弹出表单进行填写。

（3）发送合同。返回到“业务中心”页面中，点击“合同送进口商”按钮。

（4）进口商登录后，收取出口商要求确认合同的邮件。

（5）制作进口预算表。

1）退出邮件系统，点击“业务中心”页面中标志为“出口商”的建筑物；

2）在弹出画面的左边首先点击“切换”按钮，将需要确认的合同设置为主合同；

3）点击“修改合同”按钮，打开合同页面查看相关条款；

4）点击“添加单据”按钮，选中“进口预算表”前的单选钮，点击“确定”按钮；

5）在“查看单据列表”页面中点击进口预算表对应的单据编号（以后添加与填写单据都用此方法），在弹出的表单中填写相关内容；

6）填写完成后点击“保存”按钮。

（6）确认合同。

1）返回到“业务中心”页面，点击“修改合同”按钮；

2）在弹出合同的左下方签字，点击“保存”按钮；

3）返回到“业务中心”页面，点击“确认合同”按钮；

4）输入合同编号，再输入进口地银行编号，点击“确定”按钮，即成功确认合同。

18.4.4　备货

1．工厂与出口商建立业务关系（也可由出口商主动）

2．出口商起草国内买卖合同并保存

返回到“业务中心”画面，点击“检查合同”按钮，确认合同填写无误后，再点击“合同送工厂”按钮。

3．工厂确认合同

4．组织生产

（1）点击“业务中心”页面中标志为“市场”的建筑物，再点击“查看市场”按钮；

（2）选择商品，点击“组织生产”按钮；

（3）输入生产数量，点击“确定”按钮，即完成生产。

5．放货

（1）点击标志为“出口商”的建筑物；

（2）点击“放货”按钮，将货物送到出口商处，同时系统自动收取货款。

6．缴税

点击标志为“国税局”的建筑物，再点击“缴税”按钮。

18.4.5　租船订舱

1．准备相关单据

（1）添加“货物出运委托书”并填写；

（2）填写完成后点击“检查”按钮，确认通过。

2．租船订舱

（1）填写完成后，在“业务中心”页面中点击“船公司”按钮；

（2）先点击“指定船公司”按钮，选中“世格国际货运代理有限公司”，点击“确定”按钮；

（3）点击“洽订舱位”按钮；

（4）选择集装箱，填入装船日期，点击“确定”按钮，订舱完成，系统将返回“配舱通知”页面；

（5）点击标志为“进口商”的建筑物里的“查看单据列表”按钮，可查看“配舱通知”的内容。

18.4.6 检验

1. 准备相关单据

（1）添加“出境货物报检单”并填写；

（2）分别添加“商业发票”与“装箱单”并填写；

（3）填写完成后分别点击“检查”按钮，确认通过。

单据填写重点说明：出境货物报检单里的“报检单位登记号”请到公司基本资料中查找；“运输工具名称号码”即船名，请到订舱后给出的“配舱通知”中查找；装箱单中各项重量体积的计算请参考在线帮助中的“了解产品的基本特点”。

2. 申请出口检验

（1）返回到“业务中心”页面，点击“检验机构”按钮；

（2）点击“申请报检”按钮，选择“销货合同”、“信用证”、“商业发票”、“装箱单”、“出境货物报检单”后，点击“报检”按钮；

（3）报检完成后，检验机构签发“出境货物通关单”及出口商申请签发的相应检验证书。

18.4.7 出口报关

1. 申领核销单

（1）在“业务中心”页面中点击“外管局”按钮；

（2）选择“申领核销单”，即可从外管局取得“出口收汇核销单”；

（3）到单据列表中进行填写；

（4）填写完成后点击“检查”按钮，确认通过。

2. 备案

点击“海关”按钮，再点击“备案”按钮，凭填好的出口收汇核销单办理备案。

3. 送货

点击“送货”按钮，将货物送到海关指定的地点。

4. 报关

（1）添加“出口货物报关单”并填写；

（2）填写完成后点击“检查”按钮，确认通过；

（3）再到“海关”页面，点击“报关”按钮；

（4）选择“商业发票”、“装箱单”、“出境货物通关单”（不需出口检验的商品可免附）、“出口收汇核销单”、“出口货物报关单”后，点击“报关”按钮；

（5）完成报关的同时，货物自动装船出运。

18.4.8 装船通知

1．取回提单

在“业务中心”页面中点击“船公司”按钮，再点击“取回提单”按钮，将提单取回。

2．发送装船通知

（1）添加“Shipping Advice”并填写；

（2）填写完成后点击“检查”按钮，确认通过；

（3）返回到“业务中心”页面，点击“船公司”按钮；

（4）再点击“发送装船通知”按钮，将装船通知发送给进口商；

（5）添加并制作汇票，向出口地银行交单托收。

3．进口商收取装船通知

（1）收取装船通知已发送的通知邮件；

（2）到“业务中心”页面中点击“出口商”，再点“查看单据列表”，可查看“Shipping Advice”的内容（注：在FOB、CFR交易方式下，保险由进口商办理，进口商须凭此装船通知内容填写投保单办理保险）。

18.4.9 办理保险

1．准备相关单据

（1）添加“货物运输保险投保单”并填写；

（2）填写完成后点击“检查”按钮，确认通过。

单据填写重点说明：其中船名、航次、开航日期等信息请在出口商发来的“Shipping Advice”中查找。

2．办理保险

（1）返回到“业务中心”页面，点击“保险公司”按钮；

（2）点击“办理保险”按钮，选择“商业发票”和“货物运输保险投保单”后，点击“办理保险”按钮；

（3）办理完成后，保险公司自动签发“货物运输保险单”。

18.4.10 银行托收

（1）登录“出口地银行”页面，出口地银行收到单据，审查单据无误后，发送给进口地银行。

（2）进口地银行收到出口地银行发来的单据，审查后向进口商发送通知承兑。

（3）进口商收到通知后，到进口地银行领取并填写“进口承兑单”，到期付款。

18.4.11　出口核销与退税

1．出口核销

（1）添加“出口收汇核销单送审登记表”并填写；

（2）填写完成后点击“检查”按钮，确认通过；

（3）返回“业务中心”页面，点击“外管局”按钮，选择“办理核销”业务；

（4）选中“商业发票”、“出口货物报关单”、“出口收汇核销单”、“出口收汇核销专用联”、“出口收汇核销单送审登记表”前的复选框，点击“核销”按钮，完成核销手续的办理；

（5）与此同时，外管局盖章后返还出口收汇核销单第三联，用以出口退税。

2．出口退税

（1）点击“国税局”按钮，选择“退税”业务；

（2）选中“商业发票”、“出口货物报关单”、“出口收汇核销单（第三联）”前的复选框，点击“退税”按钮，完成退税手续的办理。

至此，出口商的工作就完成了。

18.4.12　进口报检

在 SimTrade 中，交易商品是否需要进口检验，须在淘金网的“税率查询”页，输入商品的海关编码进行查询，查到相对应的监管条件后，点击代码符号，各代码的意义均列于其中。若适用规定为必须取得入境货物通关单者，则应依规定办理进口检验。

1．换提货单

点击“业务中心”页面里的“船公司”按钮，再点击“换提货单”按钮。

2．准备相应单据

（1）添加“入境货物报检单”并填写；

（2）填写完成后点击“检查”按钮，确认通过。

单据填写重点说明：单据中的“报检单位登记号”请到公司基本资料中查找；“运输工具名称号码”即船名，请到出口商发来的“Shipping Advice”中查找；提单号请到提货单里查找。

3．报检

（1）返回“业务中心”页面，点击“检验机构”按钮，选择“申请报检”业务；

（2）选择“销货合同”、“商业发票”、“装箱单”、“提货单”、“入境货物报检单”，点击“报检”按钮；

（3）报检完成后，检验机构签发“入境货物通关单”，凭以报关。

18.4.13 进口报关与提货

1．准备相应单据

（1）添加“进口货物报关单”并填写；

（2）填写完成后点击“检查”按钮，确认通过。

2．报关

（1）点击“业务中心”页面里的“海关”按钮，选择“报关”业务；

（2）选择“销货合同”、“商业发票”、“装箱单”、“提货单”、“入境货物通关单”（不需进口检验的商品可免附）、“进口货物报关单”前的复选框，点击“报关”按钮；

（3）完成报关后，海关加盖放行章后返还提货单与进口报关单。

3．缴税

点击“报关”旁边的“缴税”按钮，缴纳税款。

4．提货

点击“缴税”旁边的“提货”按钮，领取货物。

18.4.14 进口付汇核销

1．准备相应单据

（1）添加“进口付汇到货核销表”并填写；

（2）填写完成后点击“检查”按钮，确认通过。

2．付汇核销

（1）返回“业务中心”页面，点击“外管局”按钮，选择“付汇核销”业务；

（2）选择“进口付汇核销单”、“进口货物报关单”、“进口付汇到货核销表”前的复选框，点击“付汇核销”按钮。

18.4.15 销货

（1）点击“业务中心”页面中的“市场”按钮；

（2）点击“销货”按钮，选择产品，点击“确定”按钮即可销售货物。

至此，进口商的工作就完成了。

18.5 实验报告填写要求

（1）写明实验日期；

（2）根据实验目的和实验内容，认真做好实验记录，实验步骤和结果应根据实验的实际操作过程进行填写，实验心得与体会应具体；

（3）填写实验报告要字迹工整。

18.6 实验总结

（1）熟悉外贸实务的具体操作程序，增强感性认识。

（2）使学生进一步了解、巩固已学过的理论知识。

（3）提高学生发现、分析和解决问题的能力。

（4）锻炼团结协作能力。

附 1：D/A+CIF 履约流程（如表 18-1 所示）

说明：外销合同可以由出口商或进口商起草，国内购销合同可以由出口商或工厂起草，然后送对方签字确认即可，本表仅以出口商起草的情况为例。（附 2、附 3 与此相同）

表 18-1

No.	供应商	出口地银行	出　口　商	进　口　商	进口地银行
1			起草外销合同		
2			填写出口预算表		
3			合同送进口商		
4				填写进口预算表	
5				确认外销合同	
6				填写开证申请书	
7				发送开证申请	
8					
9					
10					
11					
12					
13					
14			起草购销合同		
15			合同送供应商		
16	确认购销合同				
17	组织生产				
18	放货				

续表

No.	供应商	出口地银行	出口商	进口商	进口地银行
19			添加并填写“出口货物明细单”		
20			租船订舱		
21			添加并填写“报检单、商业发票、装箱单”		
22			出口报检		
23			添加并填写“投保单”		
24			出口保险		
25			添加并填写“核销单”		
26			核销单的口岸备案		
27			添加并填写“报关单”		
28			出口报关		
29			装船出运		
30			添加并填写“汇票、产地证”		
31			向出口地银行交单		
32					
33		发送进口地银行			
34					
35					通知进口商赎单
36				查收进口地银行发的赎单通知邮件	
37				进口商赎单时不需付款，可先承兑，在汇票到期日前付款即可	
38			查收出口地银行发的通知结汇邮件	进口报检	
39			到银行办理托收	进口报关	
40		进口商付款后，银行通知出口商结汇	到外汇管理局办理核销	到海关提货	
41			到国税局办理退税	到消费市场销货	

附表 2：D/A+CFR 履约流程（如表 18-2 所示）

表 18-2

No.	供应商	出口地银行	出口商	进口商	进口地银行
1			起草外销合同		
2			填写出口预算表		
3			合同送进口商		
4				填写进口预算表	
5				确认外销合同	
6				填写开证申请书	
7				发送开证申请	
8					
9					
10					
11					
12					
13					
14			起草购销合同		
15			合同送供应商		
16	确认购销合同				
17	组织生产				
18	放货				
19			添加并填写“出口货物明细单”		
20			租船订舱		
21			添加并填写“报检单、商业发票、装箱单”		
22			出口报检		
23				添加并填写“投保单”	
24				出口保险	
25			添加并填写“核销单”		
26			核销单的口岸备案		
27			添加并填写“报关单”		

续表

No.	供应商	出口地银行	出口商	进口商	进口地银行
28			出口报关		
29			装船出运		
30			添加并填写“汇票、产地证”		
31			向出口地银行交单		
32					
33		发送进口地银行			
34					
35					通知进口商赎单
36				查收进口地银行发的赎单通知邮件	
37				进口商赎单时不需付款，可先承兑，在汇票到期日前付款即可。	
38			查收出口地银行发的通知结汇邮件	进口报检	
39			到银行办理托收	进口报关	
40		进口商付款后，银行才能通知出口商结汇	到外汇管理局办理核销	到海关提货	
41			到国税局办理退税	到消费市场销货	

附表 3：D/A+FOB 履约流程（如表 18-3 所示）

表 18-3

No.	供应商	出口地银行	出口商	进口商	进口地银行
1			起草外销合同		
2			填写出口预算表		
3			合同送进口商		
4				填写进口预算表	
5				确认外销合同	
6					
7					

续表

No.	供　应　商	出口地银行	出　口　商	进　口　商	进口地银行
8					
9					
10					
11					
12					
13					
14			起草购销合同		
15			合同送供应商		
16	确认购销合同				
17	组织生产				
18	放货				
19			添加并填写“出口货物明细单”		
20			将货送到指定装运港	租船订舱	
21			添加并填写“报检单、商业发票、装箱单”		
22			出口报检		
23				添加并填写“投保单”	
24				出口保险	
25			添加并填写“核销单”		
26			核销单的口岸备案		
27			添加并填写“报关单”		
28			出口报关		
29				装船出运	
30			添加并填写“汇票、产地证”		
31			向出口地银行交单		
32					
33		发送进口地银行			
34					
35					通知进口商赎单

续表

No.	供应商	出口地银行	出口商	进口商	进口地银行
36				查收进口地银行发的赎单通知邮件	
37				进口商赎单时不需付款，可先承兑，在汇票到期日前付款即可	
38			查收出口地银行发的通知结汇邮件	进口报检	
39			到银行办理托收	进口报关	
40		进口商付款后，银行才能通知出口商结汇	到外汇管理局办理核销	到海关提货	
41			到国税局办理退税	到消费市场销货	

第 19 章

实训四　综合模拟

19.1　实验目的

从签订外销合同，到备货、租船订舱、报检、保险、报关、出运、制单，直至付汇/结汇、退税，是每笔进出口业务必经的过程。SimTrade 外贸实习平台模拟了进出口业务中最常用的结汇方式（L/C、T/T、D/P 或 D/A）和成交方式（FOB、CFR、CIF）。下面分别列出在 SimTrade 环境里，T/T 方式下，分别采用 FOB、CFR、CIF 三种贸易成交方式时，供应商、出口地银行、出口商、进口商、进口地银行的进出口合同履约过程，便于学生理解和实践。

19.2　实验准备

（1）复习 T/T 方式的概念、相关当事人、种类及流程、风险的防范等内容；

（2）复习 FOB、CFR、CIF 三种贸易术语的主要特点。

19.3　实验内容

练习 T/T+CIF、T/T+CFR、T/T+FOB 三种常用的履约模式，重点掌握各种方式下国际贸易各部门的履约程序。

19.4　实验步骤

T/T 方式的履约流程与 L/C 方式的履约流程有着明显的区别，主要表现在四个方面：第一，在 T/T 方式下，进口商不需向银行申请开立信用证，有关信用证部分的流程都可省去；第二，出口商在办完报关等手续后，不再采用“押汇”方式向银行交付单据，而是在“单据列表”页面中直接将单据送进口商；第三，进口商收到单据可直接办理相关手续，待销货收回资金后再付款给出口商；第四，进口商付款后，银行才能通知出口商结汇。T/T 方式的履约流程具体如下。

19.4.1 签订合同

1. 出口商起草外销合同

（1）进入“出口商”页面，点击“业务中心”中标志为“进口商”的建筑物。

（2）在弹出的页面中点击“起草合同”按钮。输入合同号，分别输入对应的进口商编号和办理相关业务的出口地银行编号，并勾选“设置为主合同”选项。

（3）点击“确定”按钮，弹出合同表单，填写内容（注：合同既可由出口商起草，也可由进口商起草）。

（4）填写完成后点击“保存”按钮，并在“业务中心”页面中点击“检查合同”按钮，确认合同填写无误。

（5）制作出口预算表。点击“添加单据”按钮，选中“出口预算表”前的单选钮，点击“确定”按钮，然后在“查看单据列表”中点击出口预算表对应的单据编号，弹出表单，填写完成后点击“保存”按钮。

（6）发送合同。回到“业务中心”页面中，点击“合同送进口商”按钮。

2. 进口商确认合同

（1）进入“进口商”页面，收取出口商要求确认合同的邮件。

（2）填制进口预算表并确认合同。退出邮件系统，点击“业务中心”页面中标志为“出口商”的建筑物。在弹出的页面的左边首先点击“切换”按钮，将需要确认的合同设置为主合同；再点击“修改合同”按钮，打开合同页面查看相关条款；然后点击“添加单据”按钮，选中“进口预算表”前的单选钮，点击“确定”按钮；接着在“查看单据列表”页面中点击进口预算表对应的单据编号（以后添加与填写单据都用此方法），弹出表单，填写完成后点击“保存”按钮。返回“业务中心”页面中，点击“修改合同”按钮，在弹出合同的左下方签字，点击“保存”按钮。返回“业务中心”页面，点击“确认合同”按钮，输入合同编号，再输入本地银行编号，点击“确定”按钮，即成功确认合同。

3. 完成合同签订

出口商收取进口商已确认合同的通知邮件，合同签订完成。

19.4.2 出口商备货

1. 起草国内买卖合同

（1）进入“出口商”页面，在“业务中心”页面中点击标志为“工厂”的建筑物。

（2）在弹出的页面中点击“起草合同”按钮。输入合同号，输入对应的工厂编号，并勾选“设置为主合同”选项，点击“确定”按钮，填写内容。（注：此合同既可由出口商起草，也可由工厂起草）

（3）填写完成后点击“保存”按钮。

（4）返回“业务中心”页面，点击“检查合同”按钮，确认合同填写无误后，再点击“合同送工厂”按钮。

2．工厂确认合同并生产放货

（1）进入工厂页面，收取出口商要求确认合同的邮件。

（2）确认合同。在“业务中心”页面中点击“出口商”按钮，在弹出页面的左边首先点击“切换”按钮，将需要确认的合同设置为主合同；再点击“修改合同”按钮，在弹出的合同的下方签字，填入各项详细信息（账号等可在公司基本资料中找到），点击“保存”按钮，然后回到用户对话框中“确认合同”。

（3）组织生产。点击“业务中心”页面中标志为“市场”的建筑物，再点击“查看市场”，选择商品，点击“组织生产”，输入生产数量，点击“确定”按钮，完成生产。

（4）放货。点击标志为“出口商”的建筑物，再点击“放货”按钮，将货物送到出口商处，同时收取货款。

（5）缴税。点击标志为“国税局”的建筑物，再点击“缴税”按钮。至此，该笔交易完成。

3．完成备货

出口商收取工厂已放货的通知邮件后，点击“库存”按钮，可看到所订购的货物已在库存列表中，备货完成。

19.4.3　租船订舱

注：在 CIF、CFR 条件下出口商租船订舱，在 FOB 条件下进口商租船订舱。以下以 CIF 为例。

1．进口商指定船公司

进入进口商页面，在“业务中心”页面中点击“船公司”按钮，点击“指定船公司”按钮，选中“世格国际货运代理有限公司”，点击“确定”按钮。

2．租船订舱

（1）进入“出口商”页面，添加“货物出运委托书”，填写完成。

（2）在“业务中心”页面里，点击标志为“船公司”的建筑物。

（3）点击“洽订舱位”，选择集装箱为“20'（6m）”，填入装船日期。

（4）点击“确定”按钮，订舱完成。系统将返回“配舱通知”页面，点击标志为“进口商”的建筑物里的“查看单据列表”按钮，可查看“配舱通知”的内容。

19.4.4 出口报检

1. 出口商报检

申请出口检验（注：在 SimTrade 中，交易商品是否需要出口检验，须在淘金网的“税率查询”页中，输入商品的海关编码进行查询，可查到相对应的输出入规定代码，点击代码符号，各代码的意义均列于其中。若适用规定为须申请出口检验者，则应依规定办理）。

（1）进入“出口商”页面，添加“出境货物报检单”，并填写。

（2）填写完成后点击“保存”。

（3）分别添加“商业发票”与“装箱单”，并填写。

（4）返回“业务中心”页面，点击“检验机构”建筑物，再点击“申请报检”按钮，选择“销货合同”、“商业发票”、“装箱单”、“出境货物报检单”后，点击“报检”按钮。

（5）报检完成后，检验机构签发“出境货物通关单”及出口商申请签发的相应检验证书。

2. 出口商申请产地证

（1）添加“原产地证明书”，并填写。

（2）填写完成后点击“保存”按钮。

（3）返回“业务中心”，点击“检验机构”按钮，再点击“申请产地证”按钮，选择产地证类型为“原产地证明书”。

（4）点击“确定”按钮，完成产地证的申请。

19.4.5 出口报关

1. 出口商申领核销单

（1）进入“出口商”页面，点击标志为“外管局”的建筑物，再点击“申领核销单”按钮，即从外管局取得“出口收汇核销单”。

（2）返回单据列表页面，点击“出口收汇核销单”并填写。

2. 备案

点击“海关”按钮，再点击“备案”按钮，即凭填好的“出口收汇核销单”办理备案。

3. 送货

点击“送货”按钮，将货物送到海关指定的地点。

4. 报关

（1）添加“出口货物报关单”，并填写。

（2）填写完成后，点击“报关”按钮，选择“商业发票”、“装箱单”、“出境货物通关单”（不需出口检验的商品可免附）、“出口收汇核销单”、“出口货物报关单”后，点击“报关”按钮。

（3）完成报关，同时货物自动装船出运。

5．取回提单

点击“船公司”按钮，再点击“取回提单”按钮，将提单取回。

6．发送装船通知

（1）添加“Shipping Advice”，并填写。

（2）填写完成后，点击“船公司”按钮，再点击“发送装船通知”按钮，将装船通知发送给进口商。

19.4.6　投保

注：在 CIF 条件下由出口商投保，在 CFR、FOB 条件下由进口商投保。以下以 CIF 为例。

（1）进入出口商页面，添加“货物运输保险投保单”，并填写。

（2）填写完成后点击“保存”按钮，返回到“业务中心”页面。

（3）点击“保险公司”建筑物，再点击“办理保险”按钮，选择“货物运输保险投保单”，点击“办理保险”按钮。

（4）办理完成后，保险公司签发“货物运输保险单”。

19.4.7　制单结汇

1．出口商交单

在单据列表中，选中“商业发票”、“装箱单”、“普惠制产地证明书”、“海运提单”前的复选框，点击“单据送进口商”按钮，即完成交单手续的办理。

2．进口商领核销单

（1）进入“进口商”界面，在“业务中心”页面中点击标志为“进口地银行”的建筑物。

（2）点击“申领核销单”按钮，即领取“贸易进口付汇核销单”。

（3）点击标志为“出口商”的建筑，进入“单据列表”页面进行填写。

3．进口商支付货款

（1）收取“单据到达”的通知邮件。

（2）返回到“业务中心”页面，点击“进口地银行”按钮，再点击“付款”按钮，支付货款。

4．进口商换提货单

点击“业务中心”页面里的“船公司”按钮，再点击“换提货单”按钮。

5．进口报检

（1）添加“入境货物报检单”，并填写。

（2）填写完成后点击“保存”按钮，返回“业务中心”页面。

（3）点击标志为“检验机构”的建筑物，再点击“申请报检”按钮，选择“销货合同”、“商业发票”、“装箱单”、“提货单”、“入境货物报检单”后，点击“报检”按钮。

（4）报检完成后，检验机构签发“入境货物通关单”，凭以报关。

6．进口报关

（1）添加“进口货物报关单”，并填写。

（2）填写完成后，点击“业务中心”中的“海关”建筑物。

（3）点击“报关”按钮，选择“销货合同”、“商业发票”、“装箱单”、“提货单”、“入境货物通关单”（不需进口检验的商品可免附）、“进口货物报关单”前的复选框，点击“报关”按钮。

（4）完成报关后，海关加盖放行章后返还提货单与进口报关单。

7．进口商缴税

点击“缴税”按钮，缴纳税款。

8．进口商提货

点击“提货”按钮，提取货物。

9．进口付汇核销

（1）添加“进口付汇到货核销表”，并填写。

（2）填写完成后点击“保存”按钮，回到“业务中心”，再点击标志为“外管局”的建筑物。

（3）点击“付汇核销”按钮，选择“进口付汇核销单”、“进口货物报关单”、“进口付汇到货核销表”前的复选框，点击“付汇核销”。

10．进口商销货

点击“业务中心”页面中的“市场”按钮，再点击“销货”按钮，选择产品，点击“确定”按钮即可销售货物。至此，进口商的该笔交易完成。

11．出口商结汇

进入“出口商”页面，在“业务中心”页面中点击“出口地银行”按钮，再点击“结汇”按钮，结收货款，同时银行签发“出口收汇核销专用联”，用以出口核销。

19.4.8　核销退税

1. 出口核销

（1）进入“出口商”页面，添加“出口收汇核销单送审登记表”，并填写。

（2）填写完成后点击“保存”按钮。

（3）返回“业务中心”页面，点击“外管局”按钮，再点击“办理核销”按钮，选中“商业发票”、“出口货物报关单”、“出口收汇核销单”、“出口收汇核销专用联”、“出口收汇核销单送审登记表”前的复选框，点击“核销”按钮，完成核销手续的办理，同时外管局盖章后返还出口收汇核销单第三联，用以出口退税。

2. 出口退税

（1）点击“国税局”按钮，再点击“退税”按钮，选中“商业发票”、“出口货物报关单”、“出口收汇核销单（第三联）”前的复选框。

（2）点击“退税”按钮，完成退税手续的办理。至此，该笔交易完成。

19.5　实验报告填写要求

根据实验目的和实验内容，认真做好实验记录，实验步骤或结果应根据实际的实验操作过程进行填写，实验心得与体会应具体。

19.6　实验总结

结合本次实验，总结在采用 T/T 方式付款以及采用 CIF、CFR、FOB 三种常用贸易术语的条件下，国际贸易买卖合同的履约流程，并认真写出实验报告。

具体来说，在 T/T 方式下，对应三种不同的贸易术语，主要的履约流程如下。

附 1：T/T+FOB 履约流程（如表 19-1 所示）

说明：外销合同可以由出口商或进口商起草，国内购销合同可以由出口商或工厂起草，然后送对方签字确认即可，本表仅以出口商起草的情况为例。（附 2、附 3 与此相同）

表 19-1

No.	工　厂	出　口　商	出口地银行	进口地银行	进　口　商
1		起草外销合同			
2		添加并填写出口预算表			
3		合同送进口商			
4					添加并填写进口预算表

续表

No.	工　厂	出　口　商	出口地银行	进口地银行	进　口　商
5					签字并确认外销合同
6		起草国内购销合同			指定船公司
7		合同送工厂			
8	签字并确认购销合同				
9	组织生产				
10	放货给出口商				
11	到国税局缴税				
12		添加并填写“货物出运委托书”			
13		洽订舱位			
14		添加并填写“报检单、商业发票、装箱单”			
15		出口报检			
16		添加并填写产地证明书			
17		到相关机构申请产地证			
18		到外管局申领并填写“核销单”			
19		到海关办理核销单的口岸备案			
20		添加并填写“报关单”			
21		送货到海关			
22		出口报关，货物自动出运			
23		到船公司取提单			
24		添加并填写装船通知“Shipping Advice”			
25		发送装船通知			
26		将货运相关单据送进口商			查看装船通知
27					添加并填写“投保单”
28					到保险公司投保
29					查收单据
30					到银行领取并填写“进口付汇核销单”
31					付款
32		到银行办理结汇			到船公司换提货单
33		添加并填写“出口收汇核销单送审登记表”			添加并填写“报检单”

续表

No.	工　厂	出　口　商	出口地银行	进口地银行	进　口　商
34		到外管局办理核销			进口报检
35		到国税局办理出口退税			添加并填写“报关单”
36					进口报关
37					缴税
38					提货
39					添加并填写“进口付汇到货核销表”
40					到外管局办理进口付汇核销
41					到消费市场销货

附 2：T/T+CFR 履约流程（如表 19-2 所示）

表 19-2

No.	工　厂	出　口　商	出口地银行	进口地银行	进　口　商
1		起草外销合同			
2		添加并填写出口预算表			
3		合同送进口商			
4					添加并填写进口预算表
5					签字并确认外销合同
6		起草国内购销合同			
7		合同送工厂			
8	签字并确认购销合同				
9	组织生产				
10	放货给出口商				
11	到国税局缴税				
12		添加并填写“货物出运委托书”			
13		指定船公司			
14		洽订舱位			
15		添加并填写“报检单、商业发票、装箱单”			

续表

No.	工 厂	出 口 商	出口地银行	进口地银行	进 口 商
16		出口报检			
17		添加并填写产地证明书			
18		到相关机构申请产地证			
19		到外管局申领并填写“核销单”			
20		到海关办理核销单的口岸备案			
21		添加并填写“报关单”			
22		送货到海关			
23		出口报关，货物自动出运			
24		到船公司取提单			
25		添加并填写装船通知“Shipping Advice”			
26		发送装船通知			
27		将货运相关单据送进口商			查看装船通知
28					添加并填写“投保单”
29					到保险公司投保
30					查收单据
31					到银行领取并填写“进口付汇核销单”
32					付款
33		到银行办理结汇			到船公司换提货单
34		添加并填写“出口收汇核销单送审登记表”			添加并填写“报检单”
35		到外管局办理核销			进口报检
36		到国税局办理出口退税			添加并填写“报关单”
37					进口报关
38					缴税
39					提货
40					添加并填写“进口付汇到货核销表”
41					到外管局办理进口付汇核销
42					到消费市场销货

附 3：T/T+CIF 履约流程（如表 19-3 所示）

表 19-3

No.	工　　厂	出　口　商	出口地银行	进口地银行	进　口　商
1		起草外销合同			
2		添加并填写出口预算表			
3		合同送进口商			
4					添加并填写进口预算表
5					签字并确认外销合同
6		起草国内购销合同			
7		合同送工厂			
8	签字并确认购销合同				
9	组织生产				
10	放货给出口商				
11	到国税局缴税				
12		添加并填写“货物出运委托书”			
13		指定船公司			
14		洽订舱位			
15		添加并填写“报检单、商业发票、装箱单”			
16		出口报检			
17		添加并填写产地证明书			
18		到相关机构申请产地证			
19		添加并填写“投保单”			
20		到保险公司投保			
21		到外管局申领并填写“核销单”			
22		到海关办理核销单的口岸备案			
23		添加并填写“报关单”			
24		送货到海关			
25		出口报关，货物自动出运			

续表

No.	工　厂	出　口　商	出口地银行	进口地银行	进　口　商
26		到船公司取提单			
27		添加并填写装船通知“Shipping Advice”			
28		发送装船通知			
29		将货运相关单据送进口商			
30					查收单据
31					到银行领取并填写“进口付汇核销单”
32					付款
33		到银行办理结汇			到船公司换提货单
34		添加并填写“出口收汇核销单送审登记表”			添加并填写“报检单”
35		到外管局办理核销			进口报检
36		到国税局办理出口退税			添加并填写“报关单”
37					进口报关
38					缴税
39					提货
40					添加并填写“进口付汇到货核销表”
41					到外管局办理进口付汇核销
42					到消费市场销货

后　记

《进出口贸易实验教程》是教育部和财政部批准的第二批高等学校特色专业建设点（项目编号：TS10309）和安徽省省级教改示范专业的建设成果之一，也是为了培养学生的实践能力、提高学生进出口贸易的实际业务水平而编写的实验教材。

进出口贸易实验课是在学生系统学习了国际贸易的基本原理和知识、商务英语函电、国际贸易实务等课程的基础上，利用南京世格软件开发公司开发的外贸实务教学系统的四个平台，在仿真的网络环境下，模拟国际货物贸易的具体磋商、履行等过程，使学生熟悉进出口货物贸易的具体操作流程，增强感性认识，巩固和深化已经学过的专业理论知识，提高实际操作能力。

本实验教程是一项集体研究的成果，由秦超、张廷海担任主编，负责大纲设计、分工安排、组织编写、总纂、修改与定稿。参加本书编写工作的人员有：秦超（进出口贸易实验平台简介、进出口贸易基本流程）；张廷海（实验一、实验二、实验三、实训一）；曹慧平（实验四、实验五、实验六、实训二）；孙君（实验七、实验八、实验九、实训三）；孙利娟（实验十、实验十一、实验十二、实验十三、实训四）。

在本实验教程的编写过程中，引用了南京世格软件开发公司开发的 SimTrade 外贸实习平台的使用说明，参阅和引用了国内近年来与进出口货物贸易相关的教材、资料等，书后虽然列出了参考文献，但并不完全。编者在此一并表示感谢。

本实验教程在编写过程中得到了安徽财经大学校领导、实验室管理处和安徽财经大学国际经济贸易学院的大力支持，在此表示诚挚的谢意。

由于编者水平有限，书中难免有不妥之处，恳请教师与读者不吝批评指正，以便不断修订完善。

秦超　张廷海

2009 年 4 月

参考文献

[1] 黎孝先．国际贸易实务[M]．4 版．北京：对外经济贸易大学出版社，2007．

[2] 尹显萍．国际贸易实务实验教程[M]．武汉：武汉大学出版社，2008．

[3] 安徽．进出口业务模拟实用教程[M]．北京：北京大学出版社，2006．

[4] 方少林．国际贸易单证实务实验教程[M]．北京：中国金融出版社，2007．

[5] 谢娟娟．国际贸易实务实验教程[M]．北京：中国财政经济出版社，2008．

[6] 夏合群．国际贸易实务模拟操作教程[M]．北京：对外经济贸易大学出版社，2008．

[7] 梁树新，张宏．国际贸易实务教程[M]．北京：人民邮电出版社，2007．

[8] 韩玉军．国际贸易实务[M]．北京：中国人民大学出版社，2007．

[9] 张雪莹，刘昕蓉．国际贸易实务单证大全[M]．天津：天津大学出版社，2007．

[10] 邵渭洪，孙敏，杨宏华，等．进出口贸易实务操作[M]．上海：上海财经大学出版社，2007．

[11] 李秀华．国际贸易实务实训与练习[M]．北京：对外经济贸易大学出版社，2006．

[12] 孟祥年．国际贸易实务操作教程[M]．北京：对外经济贸易大学出版社，2005．